I0137526

L'AUTOBIOGRAPHIE DE
SWAMI SIVANANDA

Discovery Publisher

Titre original : Autobiography of Swami Sivananda
©1958, The Divine Life Society
All rights reserved

Pour l'édition française :
©2018, Discovery Publisher
Avec l'aimable autorisation de The Divine Life Society
Tous droits réservés

Aucune partie de ce livre ne peut être reproduite ou utilisée sous aucune forme ou par quelque procédé que ce soit, électronique ou mécanique, y compris des photocopies et des rapports ou par aucun moyen de mise en mémoire d'information et de système de récupération sans la permission écrite de l'éditeur.

Auteur : Swami Sivananda
Introduction : Swami Sadananda Saraswati
Préface : Sri N.C. Ghosh
Traduction : Violette Holt, Laura Lombard, Eglantine Coré
Édition : Adriano Lucca
Relecture : Adriano Lucca

616 Corporate Way
Valley Cottage, New York, 10989
www.discoverypublisher.com
edition@discoverypublisher.com
facebook.com/discoverypublisher
twitter.com/discoverypb

New York • Paris • Dublin • Tokyo • Hong Kong

TABLE DES MATIÈRES

L'AUTOBIOGRAPHIE DE
SWAMI SIVANANDA

Note de l'éditeur

Une vie de saint est l'idéal qu'il est donné à tous d'imiter, un modèle pour tous ceux qui portent en eux le désir de sublimer la vie. Voici un livre ouvert dans lequel puiser les leçons de la vie divine. Quels que soient les efforts fournis par un individu pour acquérir le savoir ayant trait aux vérités spirituelles à partir de textes sacrés et d'écrits divers, ce n'est que lorsque cet individu voit ces vérités rayonner chez un autre individu qu'il est enfin prêt et désireux de voir ces vérités se réaliser dans la vie quotidienne.

C'est là le dessein que cet ouvrage exaltant se propose de définir.

The Divine Life Society,[1]
Les Éditions Discovery

---

1. La Société de la Vie Divine

L'expérience de Shiva

Swami Sivananda

1. J'ai vu Dieu en Moi-même.
2. J'ai nié le nom et la forme, et il ne reste plus que l'Existence, le Savoir, le Bonheur, l'Absolu et rien d'autre.
3. Je contemple Dieu de toutes parts. Nul voile ne subsiste.
4. Je suis Un. La dualité n'existe pas.
5. Je repose en mon Âme propre. Mon bonheur transcende toute tentative de décrire.
6. Le monde des songes n'est plus. Moi seul existe.

Le message de Shiva

Swami Sivananda

Réjouis-toi dans le bien.
Décide-toi pour emprunter la voie spirituelle.
Sois patient.
Avance doucement. Va. Sois prudent. Affirme. Reconnais.
Accomplis : Je suis l'Âme immortelle.
Telle est la discipline.
Tel est le message de Shiva.

Introduction

Swami Sadananda Saraswati

Lorsque j'ai reçu les manuscrits intitulés Autobiographie de Swami Sivananda, j'ai sauté de joie en me disant, au même titre que beaucoup sans soute, qu'il m'était donné là l'opportunité d'apprendre de nombreuses choses relatives à la vie du Maître; choses que, en dépit du séjour assez long que j'ai eu la chance d'effectuer à ses côtés, il m'a été impossible d'apprendre de lui ou de quelqu'un d'autre. Cependant, quelle ne fut pas ma surprise, si ce n'est ma déception, lorsque j'ai réalisé que je ne pourrais obtenir ne serait-ce qu'un aperçu de ce que ma petite conscience désirait connaître.

Pourtant, après avoir reposé les manuscrits et songé un moment, en exerçant ma réflexion conformément à ses enseignements, j'ai compris la grande sagesse que dissimulait une telle réticence.

Le trait de caractère dont il est totalement dépourvu et vis-à-vis duquel il a une aversion absolue est la curiosité vaine et le verbiage sans intérêt.

Le sage Thiruvalluvar, que les Tamouls considèrent à juste titre comme un poète doublé d'un législateur, a dans son immortel poème intitulé Tirukkural, dédié le chapitre 20 de son «Illaraviyar» (traitant des règles de la vie domestique) compris dans la section «Arathuppal», à ce que l'on appelle «Payanila Sollamai», c'est-à-dire «la non-verbalisation de ce qui est stérile». À ce titre, les vérités que le poète énonce au cours des dix strophes de ce chapitre est d'une valeur inestimable. Ainsi, dans la huitième strophe, nous pouvons lire : «Les sages qui sont en mesure de distinguer ce qui est utile de ce qui ne l'est pas ne prononceront jamais de paroles futiles.»

La réticence étudiée de Sivananda

Swami Sivananda adopte cette règle de conduite dans sa vie et ne dévie jamais de celle-ci, quand bien même lui arrive-t-il de commettre quelque étourderie.

D'après lui, relater des incidents de sa vie dont les lecteurs ne pourraient tirer aucun avantage pour leur progression spirituelle, relève du gâchis. C'est pour cette raison que nous n'avons aucun renseignement sur ce qui a motivé son départ des côtes indiennes pour rejoindre la Malaisie lointaine, à une époque où les familles brahmanes considéraient comme un sacrilège le fait de voyager au-delà des mers. Or, nous savons bien que Sivananda était issu de l'une des familles brahmanes les plus orthodoxes.

De même, quelles sont les circonstances qui l'ont poussé à abandonner un travail assez lucratif en Malaisie pour revenir sur nos terres, avec la détermination de vivre comme un sannyasin[1] ?

Parmi ses disciples et ses admirateurs, nombreux sont ceux qui souhaiteraient savoir s'il acquit une propriété à un moment donné de sa vie et, dût-il avoir une famille, ce qu'il advint de celle-ci.

Par ailleurs, même les moins curieux d'entre ceux qui ont la plus haute estime pour son éminence spirituelle sont tentés de savoir ce qu'il vint accomplir dans l'Himalaya en s'adonnant à un tapasya (ascèse) et à une sadhana[2] (exercices pratiques) conventionnels, lesquels sont généralement pratiqués par un novice. De leur point de vue, l'apogée de l'excellence spirituelle à laquelle Sivananda est parvenue eut été inatteignable sans un effort rude et acharné dans la bonne direction. Même ces honnêtes chercheurs se voient nier par notre Maître spirituel, le plaisir de connaître ce qu'il fit pour devenir le surhomme qu'il est.

Il est certain que la réticence étudiée dont il fait preuve à l'égard de ces circonstances ne découle en rien d'une quelconque timidité, puisque lorsqu'il parle de lui, son expression ne semble faire l'objet d'aucune restriction particulière.

Peut-être même est-ce l'inverse. Il s'exprime souvent avec une audace sans égale, sans se préoccuper de paraître présomptueux en évoquant ce qu'il a accompli. Ainsi, ce n'est pas la timidité qui a fait obstacle à de plus amples explications de sa part, mais bien la conviction qu'il n'est pas de résolution utile qui puisse être servie par des commentaires écrits. Supposons par exemple que ce qui l'ait poussé à partir en Malaisie soit un simple esprit d'aventure, le désir de se rendre dans des contrées lointaines ; en quoi ces éléments nous seraient, à nous aspirants à la vie spirituelle, d'un quelconque intérêt ? Supposons que ce voyage ait été impulsé par le sentiment qu'il devrait servir la cause des malheureux paysans indiens qui, à cette époque, étaient pratiquement leurrés par des agents immobiliers et leurs sbires qui leur promettaient d'importants revenus et un niveau de vie confortable, alors qu'ils étaient assujettis à des existences extrêmement précaires et éprouvantes.

1. Moine
2. Pratique spirituelle

Même le cas échéant, un tel savoir ne nous aiderait pas à évoluer en une personnalité spirituelle. Sachant que le récit de cette phase de sa vie ne nous serait pas utile, l'auteur de cette autobiographie ne l'a tout simplement pas relatée. Une fois encore, si une circonstance particulière a pu entraîner un changement radical dans sa perception de la vie et l'a conduit en toute hâte à devenir un sannyasin, quiconque ayant le même besoin de renoncer au monde ne vivra pas nécessairement une expérience similaire à la sienne. Aussi, lorsque l'appel divin aura lieu, chacun de nous se verra inévitablement aspiré par cet appel. Par conséquent, relater les raisons qui ont poussé l'auteur à renoncer au monde ne sert en rien un enjeu d'une telle ampleur.

Quelques perspectives pour comprendre la sadhana de Sivananda

Nous répondrons aux autres questions, y compris celle relative à la sadhana qu'il a adoptée, de la même manière.

Il faut garder à l'esprit que même si des livres ont été écrits sur la sadhana (et Swami Sivananda a rédigé de nombreux traités à ce sujet), la sadhana qui portera réellement ses fruits, sera purement subjective et intimement liée à l'individu particulier qui la pratiquera.

Toute sadhana a pour objectif principal de diminuer la nocivité de l'esprit et de le rendre plus utile. Chaque esprit est singulier et n'appartient à nul autre que soi. Il reflète d'un individu les conséquences des actions qu'il a commises dans le passé ainsi que dans le présent. Chaque esprit doit faire l'objet d'un travail unique et, par conséquent, seul le détenteur de cet esprit sera en mesure de savoir comment réaliser ce travail en fonction de sa propre expérience. Par conséquent, si Swami Sivananda décrivait minutieusement les obstacles auxquels il dut faire face pour exercer le contrôle de son esprit et la manière dont il les surmonta, cet échantillon d'histoire personnelle ne nous aiderait en rien dans notre démarche, et ce malgré notre volonté d'en tirer quelque enseignement.

Pourtant, nul ne peut prétendre que Sivananda ne s'est pas exprimé sur ce sujet. Durant l'élaboration de cette autobiographie, il nous a donné, au gré de ses réflexions, suffisamment d'éléments pour nous éclairer à ce propos. Il déclare ainsi : « Au cours de mes pèlerinages, vivre en mendiant m'a permis de développer considérablement ma patience, le sens de l'égalité, et d'acquérir un équilibre spirituel autant dans le plaisir que dans la souffrance. J'ai rencontré de nombreux Mahatmas desquels j'ai reçu de merveilleux enseignements. Certains jours, j'ai dû me passer de nourriture et parcourir, à pied, de longues distances. Mais en gardant le sourire, j'ai pu surmonter toutes les épreuves.»

Il est vrai que ce récit fait preuve d'une grande brièveté. Il n'en est pas moins extrêmement révélateur. En effet, il n'est pas donné à tout le monde de marcher pendant des heures le ventre vide et de parvenir à préserver sa sérénité. Voici le secret de la vraie sadhana. Celle-ci élève l'individu bien plus que les centaines de japa[1] malas que l'on manipule confortablement assis dans un coin, sans ressentir les tiraillements de la faim. À la lecture d'un tel passage, il est possible de deviner l'austérité d'une extrême sévérité que l'auteur s'est imposée.

Ailleurs, il écrit : «La réalisation de soi est une expérience transcendantale. L'individu ne peut emprunter la voie spirituelle qu'à condition de mettre sa foi dans les paroles des sages qui ont accompli la vérité et détiennent le savoir de l'Âme». Ces mots sont en lien avec sa recherche d'un Gourou et nous donnent une idée de la nature de sa foi.

Or, cette foi n'est en rien celle d'un ignorant, car Il est au fait de tous les enseignements contenus dans les Upanishads[2] qui concernent l'Âme. Pourtant, il reconnaît pleinement son besoin d'un Gourou.

Il savait en effet que sans une foi implicite dans les paroles d'un Gourou, l'ego ne peut être contenu. C'est cette vérité qu'il nous enseigne lorsqu'il évoque sa quête d'un guide spirituel.

C'est de cette manière que nous devons apprendre à connaître la sadhana qu'il pratiquait. En réalité, Swami Sivananda est un homme très pragmatique. Il a mis en pratique ce qu'il a appris des livres ou des hommes afin de voir jusque dans quelle mesure ces enseignements pouvaient lui convenir. S'ils ne lui convenaient pas, il ne les condamnait pas, se contentant de les mettre de côté. Rien de plus. Ainsi, tout ce qu'il relate est le fruit de son expérience. Et, parmi de nombreux sujets, figure celui du désir de conquête de pouvoirs surnaturels. Or, faire subir à son corps la torture d'un tel désir couplé à celui d'accomplir des miracles, là n'est l'affaire de notre auteur.

La raison qui a motivé l'écriture de cette autobiographie

Parfois, il m'arrive de douter en me demandant s'il est recevable qu'un saint écrive son autobiographie.

Un tel exercice ne dénote-t-il pas d'une forme de vanité ?

1. Action de répéter maintes fois le nom du Seigneur. Aussi appelé *japa mala*, ou *japamala*.
2. Ensemble de textes philosophiques qui forment la base théorique de la religion hindoue.

Il est possible de pardonner à l'homme du monde de parler de lui-même de manière à se faire bien voir des autres. Cependant, est-il juste qu'un saint dépourvu d'ego se complaise de la sorte ?

En répondant à cette question, il m'apparaît que Swami Sivananda n'est à blâmer en rien puisque son livre n'a d'autobiographique que son titre. Celui-ci ne contient rien qui puisse donner l'impression d'être motivé par l'envie d'obtenir le respect et l'approbation de ses lecteurs. Sivananda n'a été motivé que par une seule chose. Il sait que sans aucune prévision de sa part, Dieu a fait de lui le fondateur de la Société de la Vie Divine, lui a fait inaugurer la Forest University (autrement connue sous le nom de Forest Academy), et lui a fait accomplir autant de choses qui, aujourd'hui, comblent le besoin criant de millions de personnes à travers le monde ; celui de vivre une vie sans crainte, avec une foi en la protection que le Seigneur nous accorde. Il sait que, peu importe ses désirs, il est le porteur d'une grande mission et que, avant de quitter ce monde, il souhaiterait que les gens sachent comment ce mouvement noble dont il est l'initiateur, peut être employé pour le bien de l'humanité. Ceci est la raison principale qui le pousse à publier ce livre sous le titre Autobiographie de Swami Sivananda. Il va de soi que, pour ces raisons mêmes, cet ouvrage n'est comparable à nulle autre autobiographie.

Les leçons précieuses que renferme ce livre

Nous pouvons à présent examiner de plus près la valeur de cet ouvrage. Du début jusqu'à la fin, il s'agit d'un livre d'une grande valeur éducative pour l'individu qui souhaite en bénéficier. Le premier chapitre révèle le grand respect que Sivananda manifeste à l'égard de son prestigieux ancêtre Appaya Dikshitar. Son amour de la profession médicale et la manière dont, selon lui, les médecins accomplis devraient exercer leur métier, sont exprimés dans le récit de sa carrière en Malaisie. La manière dont il fut transfiguré par l'intermédiaire de sa foi, et à travers l'injonction de la shruti[1] « le jour où tu accèdes au détachement renonce au monde » est relatée dans la section « Aube d'une nouvelle vision ». Sa vie d'errance en tant que mendiant, et les enseignements qu'il reçut de ses nombreux pèlerinages, sa quête d'un Gourou et son choix de s'établir à Rishikesh pour y finir ses jours sont exprimés dans ces pages simplement, sans fioritures. Pourtant, chacun de ces récits nous apprend quelque chose. Son observation des esprits sottement animés d'ambitions spirituelles, sa décision d'adopter une

1. Audition, oreille, connaissance révélée.

forme synthétique de la sadhana, la manière dont il vécut à Swarg Ashram, les nombreuses conférences et son voyage au Mont Kailash révèlent ces premières tentatives pour allier la sadhana au dévouement.

Après cette première étape formatrice de son évolution spirituelle, nous le retrouvons qui se lance dans une carrière de diffusion massive de la connaissance spirituelle. Il décrit avec précision les différentes phases qui ont marqué les débuts de sa mission de la Vie Divine. Ses remarques concernant l'attachement durable et la dévotion que lui valurent son altruisme et sa grande générosité sont particulièrement riches d'enseignement.

Une fois la troisième phase atteinte (« La naissance de la Grande Institution »), il devient l'heureux témoin du travail noble et inestimable qui a été entrepris. Il se découvre alors compagnon et bienfaiteur cosmique, car vivant constamment dans l'esprit de la pensée upanishadique « Aham Brahma Asmi — Je suis le Brahmane ». Il s'engage également à améliorer la nature de ceux qui sont à ses côtés. Ce qu'il fait pour et avec eux est relaté dans « sadhana collective » et les chapitres suivants. En temps venu, le mouvement de la Vie Divine gagne en vigueur et se révèle tomber à point nommé tant par la dimension universelle de ses idéaux, que par l'efficacité de ses méthodes pour atteindre la perfection spirituelle. Si l'écriture ressemble à celle d'un compte-rendu annuel, la beauté du livre réside dans le fait que la narration dévoile, à chaque instant, la noblesse d'esprit de son auteur, la sincérité et la gravité avec lesquels il accomplit sa tâche en tant que bienfaiteur de l'humanité, ainsi que l'amour et le respect qu'il inspire à ses disciples, admirateurs et autres visiteurs occasionnels. C'est la grandeur de l'homme et de son travail qui sont une fois de plus entrevus à travers le récit sans fard de ce qui s'accomplit au sein de son ashram. La croissance rapide de la mission (qui nous est simplement relatée dans un chapitre court) est la preuve pour nous que lorsqu'un homme fait le bien, Dieu est toujours à ses côtés pour l'assister dans sa démarche. Les chapitres qui ont trait à la nature du mouvement de la Vie Divine — mouvement qui ne contient pas de doctrines obscures mais qui, au contraire, explique en quoi consiste la vraie religion, soit une manière simple et pratique de vivre sa vie sereinement et avec un bonheur réel — sont très éclairants.

Lorsque nous poursuivons la lecture où sont évoquées les conférences spirituelles, les tournées de cours magistraux, les structures instaurées pour le Nagar Kirtan, le Prabahat Pheri, etc., nous nous rendons compte du travail dynamique qui a été réalisé par Sivananda pour faire en sorte que chacun emploie une part maximale de son temps à se rendre à la hauteur des idéaux inscrits dans la Vie Divine.

L'auteur prescrit également un certain nombre de choses concernant la manière de prendre soin des aspirants ; déclare dans quelle mesure l'amour universel, en étant rendu accessible à tous, devrait être pratiqué pour venir en aide à autrui, et par quels moyens veiller sur les disciples en dépit d'un éloignement géographique. La reproduction de quelques lettres qu'il avait adressées à ses adeptes révèle la grande sollicitude qu'il a témoignée à l'égard de ceux qui se sont mis à son service, en se préoccupant de leur bien-être aussi bien sur le plan matériel que sur le plan spirituel. Dans la dernière partie du livre, l'auteur évoque de nombreux sujets ; parmi eux, figurent l'esprit d'ajustement, la gloire de la renonciation, le besoin de renonciation même en étant jeune, les aptitudes à avoir pour être un bon disciple, le besoin de purification du cœur, l'attitude juste à adopter à l'égard des femmes, la possibilité pour les femmes de renoncer au monde, et de nombreux autres sujets d'intérêt pratique. Certains de ces chapitres attestent de l'ampleur de sa vision et témoignent même d'un écart audacieux vis-à-vis des conventions établies de longue date, afin de répondre, au mieux, aux besoins des temps modernes.

Le livre renferme également maints conseils précieux destinés aux sannyasins en abordant les thématiques d'une méditation appropriée, d'un dévouement réel, de la nécessité d'établir quels sont ceux qui peuvent et ne peuvent pas constituer des ashrams, de la relation entre les sannyasins et la politique, de la valeur de l'initiation dispensée par un Gourou, et d'autres sujets similaires. Quel que soit le titre de cet ouvrage, ce dernier regorge ainsi de conseils et d'enseignements d'une valeur inestimable.

Certains chapitres sont dédiés à l'évocation d'autres livres et publications du Maître. Il nous est alors donné de constater à quel point il se distingue des autres en n'accordant aucune importance au principe de droit d'auteur. Son but n'est pas commercial. Seul l'anime le souhait d'assurer que, même après son départ, une réserve de connaissances hautement bénéfiques soit mise à la disposition des populations à travers le monde. C'est la raison pour laquelle il écrit sans relâche. Chaque année, les publications se multiplient et les ouvrages sont distribués gratuitement à des milliers de gens en Inde et ailleurs à travers le monde.

Enfin, une part de ce livre dédiée aux disciples du Maître aborde des conseils pratiques afin d'éviter la discorde, l'offense ou même l'entretien de pensées haineuses.

S'il est impossible de recenser ici tous les sujets abordés dans cet ouvrage, une chose peut être cependant affirmée ; le lecteur peut parcourir n'importe quelle page de ce livre et y trouver quelque enseignement qui transformera sa nature profonde. Chaque mot énoncé ici provient de l'expérience vécue par son auteur. L'ouvrage révèle d'ailleurs combien il a pu lui être difficile de maintenir son esprit dans un état de pureté, d'exaltation et de noblesse, et de transmettre ces mêmes qualités à ses disciples.

Avertissement à l'encontre des pouvoirs surnaturels

Dans ses ouvrages, le Maître met fréquemment en garde les aspirants contre la tentation de détenir des Siddhis[1], c'est-à-dire des pouvoirs surnaturels, car un tel désir entraînerait l'arrêt de leur progression spirituelle. De fait, il a plusieurs fois été témoin de l'effondrement dramatique qu'a déclenché le désir d'obtention de tels pouvoirs, pour des personnes qui étaient, pourtant, en pleine progression. Si l'opinion du Maître ne saurait être remise en question à ce sujet, il m'arrive cependant de douter, de temps à autre, du rapport qu'il entretient avec de tels pouvoirs.

A l'ashram, de nombreuses lettres reçues et émises de différents endroits à travers le monde mentionnent les miracles accomplis par le Maître. Or, il est impossible que toutes les personnes à l'origine de ces lettres soient dans le mensonge ou bien victime d'une hallucination. Il est cependant probable que parmi ces personnes, un petit pourcentage se leurrent. Mais, d'après la nature des événements rapportés (de manière d'ailleurs fort détaillée et avec un réel souci d'exactitude dans la narration), je suis arrivé à la conclusion que le Maître est lui-même doté de pouvoirs surnaturels. Si tel est le cas, devra-t-il lui aussi subir un effondrement ? Je puis affirmer sans crainte qu'une telle chose ne peut lui arriver, car il s'est élevé au-delà de toute possibilité d'élévation ou d'effondrement. Ayant atteint le stade qui lui permet de s'identifier avec le Suprême (que nous appelions Ce dernier Atman[2], Satchidananda ou Ishvara), la question de l'élévation ou de l'effondrement ne se pose plus. En effet, lorsque l'ego a été réduit à néant, quel danger peut encore subsister ?

Nous pouvons être certain d'une chose : le vrai Siddha qui ni ne désire ni ne préoccupe des Siddhis mais qui les manifeste de manière désintéressée à travers sa communion avec le Seigneur, n'a rien en commun avec le petit homme doté

---

1. Pouvoir surnaturel
2. Souffle, principe de vie, âme, Soi, essence, l'âme.

d'extraordinaires pouvoirs psychiques de création et capable de contrôler les esprits. Le pouvoir sur les esprits (qu'ils soient bons ou mauvais) et le pouvoir spirituel diffèrent en tout et pour tout. De fait, le vrai Siddha ne se fait pas appeler Bhagavan[1] et a nul besoin d'exhiber ses pouvoirs. D'une certaine manière, nous pouvons dire que le Siddha n'a pas conscience d'accomplir de miracle, car pour lui qui vit à un niveau qui se situe au-delà de celui du commun des mortels, les miracles ne sont rien de plus que des choses ordinaires. Par conséquent, j'en conclus que Swami Sivananda est l'un d'entre eux, mais qu'il ne se révèle pas comme tel à tout venant.

Conclusion

Avant de conclure cette introduction, je ne peux m'empêcher d'affirmer que l'auteur nous livre, à travers chacune de ses phrases, sa vraie personnalité, et ce de manière très probablement inconsciente. Et quelle personnalité ! En ce sens, cet ouvrage est une autobiographie à part entière. Nous percevons en lui, à travers ses écrits, ce trait de caractère remarquable : la passion d'aider tout un chacun, grand ou petit, cultivé ou ignorant à prendre conscience du fait que, tous à notre niveau, sommes les héritiers d'un bonheur suprême qui imprègne l'univers tout entier ; le bonheur « qui est à l'origine de tout ce que nous percevons comme étant le monde, qui sustente ce dernier et fusionne en lui. » Nous percevons également cet effort ininterrompu pour transformer les natures faibles en êtres nobles afin qu'elles puissent surmonter sans difficulté leurs différentes formes de servitude, et vivre dans l'éternelle demeure du bonheur qui constitue leur droit imprescriptible en tant qu'enfants de Dieu.

---

1. Dans l'hindouisme, une épithète de Dieu, notamment concernant Krishna.

Préface

Sri N.C. Ghosh

La Yoga-Vedanta Forest University située à Shivanandanagar a rendu à l'Inde un immense service en nous livrant cette superbe autobiographie écrite par un illustre savant. Pur produit du génie de notre bien aimé Swami[1] ou Swamiji[2], cet ouvrage allie à l'analyse approfondie de ses expériences une grande sincérité qui fait immédiatement foi. Le livre dans son ensemble mêle l'instinct à la vision prophétique d'un devin, et nous livre le portrait d'un homme qui est parvenu à la pleine réalisation de son Âme. Cette vision est portée par une expression d'une telle lucidité et d'une telle dimension poétique que les vieux os du débat philosophique, ainsi que le plus obscur des sujets, s'en trouvent fort ravivés.

Un enrichissement de la culture spirituelle de l'Inde.

Aujourd'hui, l'héritage culturel de l'Inde se voit glorifié par le récit, ô combien exaltant, de la vie de Paramahamsa[3] Swami Sivananda ; récit qui aura sur le monde un impact des plus bénéfiques. Exemple sans précédent à bien des égards, cet ouvrage se distingue radicalement d'autres œuvres biographiques. Par l'intermédiaire de sa plume, le Maître nous laisse entrevoir sa personnalité, nous livre les principes d'une spiritualité pratique et nous donne une idée du grand héritage spirituel de l'Inde. Il pose également les bases d'une compassion et d'une compréhension universelles, et nous relate l'histoire fascinante de la création de la Société de la Vie Divine, de son développement et des activités liées à sa divine mission.

Dans cet âge atomique plein de vacarme et d'agitation, la présence d'une institution spirituelle telle que la Société de la Vie Divine est presque paradoxale. Aussi, l'Esprit infini que celle-ci exhorte dans les limites de son engagement

1. Un moine qui a prononcé des vœux, notamment de célibat, qui est au service des autres et qui a renoncé au monde afin de se consacrer pleinement à l'effort de l'expérience directe de la plus haute réalisation spirituelle (éveil ou réalisation du soi).
2. Dénomination amicale de *Swami*.
3. Titre d'honneur religio-théologique sanskrit appliqué aux maîtres spirituels hindous considérés comme ayant atteint l'illumination.

philanthropique et de son esthétique est en train de mettre un terme à la tendance décadente de nombreux aspects de la civilisation moderne. Ce livre se révélera ainsi d'une aide précieuse pour le large public dont l'accès à l'institution et à son Président Fondateur demeure limité. Malgré la brièveté du format, l'auteur parvient à condenser dans cet ouvrage de nombreuses informations essentielles concernant la vie divine, et ouvre une perspective qui tient le lecteur en haleine du début jusqu'à la fin. De plus, les incidents et les événements qu'il relate et qui relèvent de son expérience directe sont à la fois miraculeux et d'une grande valeur instructive.

Ainsi, les lecteurs qui, à travers le monde, ont une inclination religieuse tireront une immense satisfaction de ce livre, véritable trésor de leçons pratiques pour permettre d'accéder à une véritable élévation spirituelle. L'auteur y met en avant les traits essentiels de la culture spirituelle indienne pour les nombreux lecteurs qui, pris dans les aspérités de la vie matérielle, mais aspirant à emprunter le chemin de la vie divine, ne sont pas en mesure ou n'ont pas le temps de se perdre dans les profondeurs de grandes écritures comme les Védas. Pour résumer, malgré sa forme succincte et partielle, ce livre offre le portrait unique de la Divinité que l'adepte se doit d'aimer, d'adorer, et de chérir dans son cœur purifié ; en tant que tel, il est destiné à éveiller chez le lecteur le désir d'entreprendre une sadhana spirituelle.

Une personnalité idéale

Pour servir l'humanité dans son ensemble, Swamiji a essayé de faire en sorte que ce livre soit utile à tous les aspirants, et ce, notamment, en donnant de nombreuses informations sur la dimension pratique de la sadhana. Cette autobiographie démontre avec force et vivacité à quel point le cœur immense de l'auteur a saigné pour les millions d'individus en souffrance en Inde et ailleurs, et nous livre son désir d'exalter la grandeur de la terre de ses ancêtres et d'en restaurer la gloire passée. Encourageons donc les jeunes hommes qui souhaitent obtenir respect et admiration au sein du monde qui les entoure, à s'inspirer de la vie merveilleuse de Swami Sivananda, qui est non seulement un devin doublé du plus grand ambassadeur du Vedanta en orient, mais aussi la personnification de tout ce qui est grand et noble dans la vie. La personnalité magique de Swamiji, sa vitalité et sa résilience sont merveilleusement dépeints ici. Rédigée dans un langage d'une grande sobriété et riche en évocations émouvantes, cette autobiographie saura, sans aucun doute, captiver le lecteur.

La description des méthodes novatrices et révolutionnaires que Sivananda emploie pour former ses disciples éclaire également notre vie spirituelle d'une flamme étincelante. Le Christ a dit : « Celui qui me suit ne marchera pas dans les ténèbres, mais il aura la lumière de la vie. » Le saint qui, dans sa contemplation, a écrit ce livre, fait la lumière (une lumière nette et porteuse de maintes transformations) sur les divers aspects de la Vérité, qui n'est qu'unité. Notre admiration pour Swamiji déborde. Sa popularité grandissante résulte de ce qu'il a su intégrer les vérités les plus profondes de la plus essentielle des philosophies, au sein d'une histoire exaltante, écrite dans un style d'une telle simplicité et d'une telle douceur que même le débutant peut en assimiler les leçons. L'adepte, le jain, le Karma yogi et les autres ressentiront une grande joie à la lecture de ce livre, car ce dernier renferme l'or qui leur permettra d'entrevoir un monde nouveau, fait de bonheur et de ravissement. Aussi, cette lecture leur prodiguera la seule chose dont ils ont réellement besoin.

Sivananda : une force d'ampleur mondiale

Lorsque Sivananda parle, le monde écoute. Sa personnalité rayonnante, sa ligne de conduite pure et limpide, son extrême intelligence et son tempérament pleinement compatissant, conjugué à l'impétueuse ferveur avec laquelle il œuvre pour exalter l'humanité, ont fait de lui un Dieu humain.

Ainsi, Swamiji déclare : « Relever ceux qui sont tombés, guider les aveugles, partager ce que je possède, réconforter ceux qui sont accablés, redonner courage à ceux qui souffrent, aimer mon prochain comme s'il était mon Âme, protéger les vaches, les animaux, les femmes et les enfants ; voici mes intentions et mes idéaux. Je vous aiderai et vous guiderai. Je vous suis entièrement dévoué. Je vis afin de vous rendre tous heureux. Ce corps est là pour vous servir. »

C'est grâce au message exaltant qu'il a adressé aux hommes issus de l'ère atomique que Swamiji a, après des années d'un travail difficile, créé un monde nouveau (« Ananda Kutir[1] » ou « demeure du bonheur ») consacré à la progression rapide de tous ceux qui sont à la recherche de la Vérité, en tenant compte de leurs préférences, de leur caractère et des étapes nécessaires à leur évolution. La vérité spirituelle est éternelle, mais celle-ci doit sans cesse être réaffirmée et redémontrée au cours d'une vie humaine afin de nous servir à tous d'exemple radieux. La vie de Swamiji est celle d'une longue et sereine prière parfaitement intégrée à une activité dynamique de dévouement bénévole. Son histoire est

---

1. Hermitage, cabane ou petite maison où vit un reclus ou un yogi.

celle d'une vigoureuse entreprise spirituelle et d'un engagement total à l'égard de l'humanité souffrante, face aux grandes épreuves qu'elle traverse. La dévotion suprême et l'efficace capacité organisationnelle dont font preuve, à tout instant, les louables disciples du Maître qui les a touchés de sa grâce ont impressionné tous ceux qui se sont rendus à l'ashram. C'est pourquoi nous pouvons affirmer sans hésitation que la mission de Swamiji est en passe de devenir une force d'ampleur mondiale.

L'histoire de la vie de Paramahamsa Sivananda se traduit par une étude de la religion faisant l'objet d'une mise en pratique. Swamiji nous a stupéfiés par la versatilité de son génie, par les nombreuses facettes de ses facultés et par les contributions, à la fois innombrables et variées, dont il a fait part au monde qui l'entoure. Parvenu à sa réalisation, il s'est évertué à transmettre les bienfaits de la citadelle de la Vérité. L'histoire humaine est ainsi marquée par de grands exemples d'Êtres Parfaits ; Bouddha, Jésus Christ, Ramakrishna Paramahamsa et d'autres en sont autant d'illustres figures. Aussi, nous estimons, à en juger par le travail qu'il accomplit, que Swami Sivananda incarne également l'excellence d'un Être Parfait.

Accomplissement de la mission spirituelle de l'Inde

Il est de la responsabilité de l'Inde de contribuer à infléchir une nouvelle perspective au monde au travers de sa spiritualité. La vraie mission de ce pays est de répandre son message religieux à travers le monde. Notre époque a besoin d'un cœur nouveau. Si nous avons voulu la liberté, c'est bien parce que nous pensions avoir certaines vérités à prêcher, certains messages à transmettre, dont la portée était non seulement bénéfique pour les habitants du territoire indien, mais aussi pour l'ensemble du monde. Or, l'Inde devrait parvenir à réaliser cette mission noble et vraie à travers la dissémination de son message. C'est dans de telles missions que des hommes imprégnés de Dieu comme Swami Sivananda nous guident vraiment. Si l'Inde asservie a eu besoin d'un Gandhi pour se libérer, l'Inde renaissante a aujourd'hui besoin d'un Sivananda pour la rendre consciente de son précieux héritage et lui faire reprendre le flambeau de sa mission spirituelle.

Aujourd'hui plus que jamais — alors que le monde qui regorge d'armes atomiques est au bord d'une guerre suicidaire — se fait ressentir le besoin d'un homme d'une pareille envergure. Parce qu'il fait, en quelque sorte, le lien entre le ciel et la terre, Sivananda est, mieux que quiconque, à même de contribuer de manière substantielle à la paix et à l'élévation spirituelle de l'humanité.

Aussi, bien que l'Inde soit un pays où sévissent la pauvreté et la misère, les Indiens sont heureux d'avoir pour guides d'illustres saints de chair et de sang tels que Swami Sivananda, lequel fait retentir son clairon pour nous demander de chercher le bonheur dans l'âme et non dans les plaisirs matériels. Ce saint doté d'une vision internationale est aussi l'un des pionniers qui ont œuvré pour rendre la pratique du yoga accessible à l'homme ordinaire, alors qu'elle était jusque-là uniquement réservée à un usage au sein des monastères. Lui ne se perd pas en contemplations méditatives pour percer l'Inconnu. Il est saint pour le plus grand nombre, descendu parmi nous avec la mission de faire jaillir le vrai du faux, d'éclairer les ténèbres et d'établir l'immortalité dans ce monde mortel. Il est, pour résumer, le prophète universel des temps modernes.

Se rendre à l'ashram de Sivananda, c'est faire l'expérience d'une refondation intégrale sur les plans physique, mental et spirituel ; c'est se trouver au sein du splendide ermitage de Rishikesh, au pied de l'Himalaya et au bord du Gange, avec le temple de Kashi Vishwanath visible au loin. C'est dans ce cadre magnifique qu'une colonie de saints, menée par l'autorité divine de SadGourou Sivananda Maharaj, vivent et œuvrent sans relâche pour le bien de l'humanité.

Ce que Sivananda accomplit

La Société de la Vie Divine a été établie par Sa Sainteté en 1936 et sert aujourd'hui l'humanité par la dissémination de la connaissance spirituelle et par la formation de ses aspirants au yoga et au vedanta au sein de la Yoga-Vedanta Forest University. J'attire humblement l'attention de tout un chacun sur ce sage et saint vivant parmi nous, qui est toujours prêt à tendre sa main à ceux qui cherchent sincèrement la vérité. Son institution est unique car elle est le don d'un être divin qui, paradoxalement, parvient à allier la conscience cosmique d'un sage, le dynamisme d'un industriel ambitieux, l'audace d'un aventurier, ainsi qu'une approche fraîchement novatrice de la vie religieuse. De fait, cette organisation incorpore merveilleusement les fondements des différents chemins qui mènent à la perception du Divin et à son accès.

Les deux événements fondateurs et marquants dans la vie de Swami Sivananda sont, d'une part le voyage qu'il effectue à travers l'Inde et le Sri-La en 1950, et d'autre part sa présence au Parlement des Religions (réuni à son initiative) en 1953. Notons que l'accueil chaleureux que Sa Sainteté reçoit partout où ses voyages le mènent n'a rien de surprenant. Au cours des conférences qu'il tient dans les universités et autres lieux d'éminence culturelle ou scientifique, il axe principalement son discours autour de la notion de paix universelle et du message contenu dans la philosophie hindoue. Ainsi, Il a, grâce à son immense savoir et à ses propos convaincants, gagné le respect de tous ceux qui l'ont écouté.

Un nouveau chapitre s'ouvre à l'ashram de Sivananda le 3 avril 1953, un jour béni pour les Indiens, lorsque le Parlement des Religions est inauguré. C'est, en effet, la première fois dans l'histoire de ce pays qu'une telle congrégation d'hommes et de femmes éminents, venant de tous horizons, se déroule sur le sol indien ; de sorte que nous sommes convaincus que ce parlement sera reconnu par les grands intellectuels et philosophes de ce monde comme l'une des plus grandes réussites du 20e siècle.

L'influence magnétique de la vie de Sivananda

Le langage humain est, en fin de compte, un véhicule inadapté à l'expression de la perception supra sensorielle. Le lecteur trouvera dans cet ouvrage l'évocation de nombreuses expériences et visions qui dépassent l'entendement de la physique et même de la psychologie. Avec l'avancée du savoir moderne, la ligne qui sépare les phénomènes naturels des phénomènes surnaturels est sans cesse à redéfinir. Désormais, les authentiques expériences mystiques ne semblent plus aussi suspectes qu'elles ne le semblaient un demi-siècle auparavant. De fait, les paroles de Swami Sivananda ont déjà exercé une immense influence sur ceux qui habitent sa terre natale. Les intellectuels européens, eux aussi, ont trouvé dans ces paroles l'aura d'une vérité universelle ; quoique celles-ci ne soient pas le produit d'une rumination intellectuelle, mais bien l'expression d'une expérience directe. Par conséquent, les personnes qui étudient la religion, la psychologie et la science physique trouvent dans ces expériences vécues par le Maître un enseignement d'une inestimable valeur qui leur permet d'accéder à une compréhension globale du phénomène religieux.

Au sein du firmament spirituel, Swami Sivananda est une lune croissante. Incarnation vivante du divin, son message s'est répandu par-delà les frontières. Un réseau s'organise déjà autour de plusieurs branches de la Société de la Vie Divine en Inde ainsi qu'à l'étranger. Des milliers d'individus ont trouvé dans ses enseignements une source de réconfort et ont pu être témoins de ses pouvoirs miraculeux lorsqu'il intervenait pour éloigner le mal sur leur passage, que ce-dernier soit matériel ou spirituel. Les nobles idéaux de paix et d'harmonie que Sa Sainteté incarne dans la vie se retrouvent aujourd'hui dans les mots d'ordre d'une institution mondiale telle que l'Organisation des Nations unies. Il est, de fait, reconnu comme un homologue de Krishna, de Bouddha et du Christ.

Servir l'humanité a toujours été l'expression de sa passion la plus ardente ; aussi, c'est une mission qu'il s'est efforcé d'accomplir par tous les moyens. C'est dans cette perspective que la très renommée Yoga-Vedenta Forest University a publié plus de deux cents livres traitant de sujets divers et d'un grand intérêt spirituel ; néanmoins, ce présent ouvrage constitue le chef-d'œuvre de cette institution et surpasse de loin chacune de ses précédentes publications. Sivananda y dépeint l'Inde au travers de sa culture, de ses traditions et de sa dignité avec une vérité qui met en valeur le caractère unique de leur ampleur et de leur profondeur. Les grandes vérités spirituelles y sont exprimées avec simplicité à travers des récits pleins de vivacité, et les conflits issus des religions y sont résolus à la lumière de l'expérience directe. Chaque homme, quelle que soit sa sensibilité religieuse, y trouvera courage, foi, espoir et illumination. La vie de Swamiji est un laboratoire d'expérimentation religieuse et son message est une force silencieuse qui anime la vie nationale du territoire indien. Elle préfigure un nouvel âge de lumière et de compréhension pour le monde entier.

Attirées par son irrésistible pouvoir spirituel, des milliers de personnes — hommes et femmes, jeunes et âgées, lettrées et illettrées, agnostiques et orthodoxes — ont afflué vers lui. Toutes et tous ont ressenti le rayonnement de son esprit et se sentent élevés en sa présence. Son amour ne connaît aucune barrière de race, de couleur ou de croyance, c'est pourquoi il donne sans réserve à celles et ceux qui le réclament.

Je suis convaincu que tous les pèlerins qui parcourent cette terre trouveront dans ces pages « l'élixir divin » qui est l'antidote essentiel à ce monde ultra matérialiste. Ce livre renferme, pour chaque jour de l'année, un message d'inspiration ; chacun de ces messages ne manquera pas de marquer l'esprit du lecteur et constituera peut-être la pierre angulaire d'un véritable tournant dans sa vie.

H.H. SRI SWAMI
SIVANANDA SARASWATI

H.H. Sri Swami Sivananda Saraswati

Naissance et enfance

Le jeudi 8 septembre 1887, aux petites heures du matin, alors que l'étoile Bharani était dans sa phase ascendante, un petit garçon naquit dans le village de Pattamadai, sur la berge de la rivière Thamirabarani, dans le sud de l'Inde. Sri P.S Vengu Iyer, un agent des impôts et humble Shiva bhakta (adepte du Seigneur Shiva) et Srimati Parvati Ammal, une jeune femme tout aussi pieuse, étaient les heureux parents de cet enfant. Ce couple épanoui baptisa son troisième et dernier fils Kuppuswamy.

Le jeune Kuppuswamy était intelligent et malicieux. Dès l'enfance, il manifesta des signes de tyaga (renonciation) et d'amour pour les autres. Il faisait preuve de compassion envers les pauvres, nourrissait les gens affamés qui venaient mendier devant la porte et devant son insistance, son père jetait une tarte aux nécessiteux qui passaient par là. Lorsque sa mère lui donnait, comme souvent, des gâteaux et des confiseries, il les distribuait par poignées entières à ses amis plus jeunes, aux chiens, aux chats, aux corbeaux, aux moineaux… sans rien garder pour lui-même. Il cueillait des fleurs et des feuilles de bael pour le Shiva puja de son père.

Au lycée du Rajah, Ettayapuram, Kuppuswamy était toujours premier de sa classe et gagnait des récompenses chaque année. Il avait une voix mélodieuse et une mémoire étonnante. Quand Son Excellence le Seigneur Ampthil, le gouverneur de Madras, vint visiter les collines de Kuru Malai en 1901, Kuppuswamy lui chanta une chanson de bienvenue sur le quai de Kumarapuram. Après avoir réussi son examen d'entrée, il intégra la faculté S.P.G. Tiruchirapalli. Là-bas, il participa souvent à des représentations et des débats. Il fit une prestation remarquable dans le rôle d'Helena lorsque *Songes d'une Nuit d'Été*[1] fut jouée en 1905.

Après avoir passé avec succès l'examen des Arts Premiers, Kuppuswamy intégra l'école de médecine de Tanjore. Étudiant extrêmement assidu, il

---

1. Titre original : *Midsummer Night's Dream*

ne rentrait jamais chez lui pendant les vacances, qu'il passait à l'hôpital. Il était autorisé à entrer librement dans le bloc opératoire. Kuppuswamy maîtrisait tous les sujets mieux que ses camarades et était plus instruit que des médecins détenteurs de diplômes prestigieux. Dès sa première année, il était capable de réussir les examens auxquels les étudiants de dernière année échouaient.

Le jeune homme termina son cursus et obtint une licence de médecine et un diplôme de chirurgien[1]. Tout en exerçant le métier de médecin à Tiruchi, il commença à faire paraître un journal médical, *L'Ambroisie*. Sa mère lui fit don de cent roupies afin de couvrir les premiers frais de gestion du journal. Plus tard, quand sa mère eut besoin de cent cinquante roupies pour un festival, le docteur Kuppuswamy les avait déjà économisés pour elle. Même à cette époque, il distribuait son journal gratuitement, car il était bien trop timide pour solliciter un soutien financier.

Sa vie en tant que médecin en Malaya (Malaisie)

Le docteur Kuppuswamy fut appelé en Malaisie peu après la mort de son père. N'écoutant que son caractère intrépide, il quitta l'Inde en 1913, à bord du S.S. Tara. Issu d'une famille brahmane orthodoxe, il craignait de manger de la nourriture non végétarienne à bord du bateau. Alors il emporta avec lui des poignées de sucreries que sa mère lui avait préparées. À son arrivée à Singapour, il était presque agonisant !

Le docteur raconte son expérience en Malaisie en ces termes : « Aussitôt après avoir débarqué, je me rendis chez le docteur Iyengar. Il me fournit une lettre d'introduction auprès de son ami, le Docteur Harold Parsons, un médecin exerçant à Seremban. Lorsque j'arrivai sur place, ce dernier me présenta Monsieur A.G. Robins, gérant d'une plantation de caoutchouc des environs, pourvue de son propre hôpital. Par chance, M. Robins cherchait justement un assistant pour gérer l'hôpital de la plantation. Cet homme violent et au mauvais caractère était un véritable géant ; immense et robuste. Il me demanda : « Êtes-vous capable de gérer un hôpital à vous tout seul ? »

« Oui, répondis-je, je peux même en gérer trois. »

Il m'engagea sur-le-champ. Un résident indien m'avait informé qu'en vertu

---

1. L'équivalence aujourd'hui en Europe n'est pas très claire.

de leur politique, je ne devrais pas accepter un salaire de moins de cent dollars par mois. M. Robins consentit à m'accorder cent cinquante dollars dans un premier temps.»

Le jeune médecin travailla d'arrache-pied. Des difficultés inhabituelles commencèrent à l'affecter et au bout d'un certain temps, il voulut démissionner. Mais son employeur refusa de le laisser partir.

Le docteur Kuppuswamy était très gentil, compréhensif, drôle, intelligent et rassurant. Même lorsque des cas désespérés se présentaient à lui, jamais il n'échouait. Partout, suite aux guérisons miraculeuses de ses patients, les gens affirmaient qu'il avait un don de Dieu et le tenaient en haute estime comme un médecin très gentil et compréhensif, doté d'une merveilleuse et charmante personnalité. Lorsque ses patients étaient gravement malades, il veillait toute la nuit. Dans le cadre privé, le docteur Kuppuswamy soignait les pauvres et bien souvent, ne leur facturait rien, pas même une visite ou une consultation. Au contraire, il leur donnait de l'argent afin de financer pour eux une alimentation spécifique et de couvrir leurs frais à la sortie de l'hôpital. Il donnait de l'argent comme il aurait donné de l'eau.

Un jour, un homme pauvre, totalement trempé, vint le trouver en pleine nuit. Sa femme était sur le point d'accoucher. Le docteur se rendit immédiatement à son chevet et après s'être occupé d'elle, il resta dehors devant la cabane malgré la pluie battante. Ce n'est que lorsque le bébé fut sorti indemne du ventre de sa mère qu'il rentra chez lui, le lendemain matin.

Malgré ses journées bien remplies, le docteur Kuppuswamy trouvait encore le temps d'assister les sâdhus, les sannyasins et les mendiants. Il se rendait en outre à des mariages, des fêtes et autres rassemblements. Un jour, un sadhu lui fit cadeau d'un livre, «Jiva Brahma Aikyam», écrit par Sri Swami Satchidananda. L'ouvrage éveilla en lui la flamme dormante de la spiritualité. Il se mit à étudier les livres de Swami Rama Tirtha, de Swami Vivekananda, de Shankara, *L'Imitation de Jésus-Christ*, la Bible et les publications de la Société Théosophique. Il était très assidu dans ses dévotions quotidiennes, ses prières et les yoga asanas et étudiait avec grand soin les saintes Écritures, telles la Gita, le Mahabharata, le Bhagavata et le Ramayana. Parfois, il dirigeait le nandan charitam, chantait des bhajans et pratiquait le kirtan ainsi que l'anahat laya yoga et le swara sadhana.

Le docteur était passionné par les vêtements haut de gamme et les co-lifichets faits d'or, d'argent et de bois de santal, dont il faisait collection. Parfois, il s'offrait des bagues en or et des pendentifs en tous genres et les portait tous en même temps. Il portait une bague à chacun de ses dix doigts! Lorsqu'il entrait dans des boutiques, il ne perdait pas son temps à choisir ses articles ni à marchander. Il se saisissait de tout ce qu'il voyait et payait la note sans même s'intéresser à son montant.

Le docteur était insensible à toute forme de tentation. Son cœur avait la pureté des neiges de l'Himalaya et son immense philanthropie comme son désir d'aider les autres lui attiraient la bienveillance de chacun. Ses conci-toyens l'appelaient affectueusement «Cœur plein d'amour».

Malgré ses moyens conséquents, le docteur n'engagea jamais de cuisinier permanent. Il assurait lui-même cette fonction en dépit d'un travail abon-dant qui ne lui laissait nul moment de loisir. Il engageait parfois quelqu'un. Un jour, son cuisinier voulut prendre un cliché de lui-même. Le docteur se fit un plaisir de l'emmener jusqu'à un luxueux studio où il lui fit enfiler sa propre tenue, ses propres chaussures et son chapeau et fit prendre une photographie.

La renonciation

Au fil des jours, il se fit de plus en plus pensif et voulut se retirer du monde. En aidant ses semblables avec tout son amour, il avait purifié son cœur. Après s'être enrichi grâce à son métier de médecin, le docteur Kuppuswamy finit par se retirer du monde, tel le Prince Siddartha, en 1923. Il quitta la Malaisie pour l'Inde.

À Madras, il poursuivit son chemin jusque chez un ami à qui il laissa ses affaires. Il commença alors son pèlerinage. À Bénarès, il eut un darshan (une vision) du Seigneur Visvanath. Il rencontra des mahatmas et visita des temples. À Dhalaj, un village situé sur la berge de la rivière Chandrabaga, il rencontra un receveur des Postes et vécut avec lui. Il cuisinait pour son hôte et lorsque celui-ci rentrait chez lui le soir, il était prêt à lui laver les jambes, malgré ses protestations! Ce fut ce receveur des Postes qui donna l'idée au médecin de se rendre à Rishikesh lorsque ce dernier voulut trouver un endroit propice à la méditation solitaire.

Le docteur Kuppuswamy arriva à Rishikesh le 8 mai 1924. Le 1ᵉʳ juin de cette même année, Sa Sainteté Sri Swami Visvananda Saraswati vint en visite. Le docteur vit en ce moine un gourou et l'homme vit en lui un chela (un disciple). Après un bref entretien, Swami Visvananda fit entrer le docteur Kuppuswamy dans l'ordre de Sannyas. Ce fut Swami Vishnudevanandaji Maharaj, mahant de l'ashram Sri Kailas, qui procéda à la cérémonie du viraja homa et renomma le médecin Swami Sivananda Saraswati. Swami Visvananda lui écrivit les instructions nécessaires au sujet du sannyas dharma de Bénarès. Swami Sivananda demeura à Swargashram pour se consacrer à la sadhana.

La Sadhana

Swami Sivananda s'habillait pour ne point rester nu, se nourrissait pour survivre et vivait pour servir l'humanité. Un kutir (une cabane) décrépi, déserté et infesté de scorpions le protégeait de la pluie et du soleil. Entre ses murs, il se livrait à un tapas (des conditions de vie austères) intensif, gardait le silence et jeûnait, parfois plusieurs jours d'affilée. Dans sa chambre, il conservait un abondant stock de pain et se contentait de cette seule nourriture en s'abreuvant d'eau du Gange. Lors des matinées d'hiver, il restait debout, immergé jusqu'aux hanches dans le fleuve glacé et entamait son japa. Il ne sortait de l'eau qu'une fois le soleil levé. Il consacrait quotidiennement plus de douze heures à la méditation. Malgré son tapas intensif, le swami continuait d'aider les malades. Il apportait des médicaments aux sâdhus, leur venait en aide, et leur lavait les jambes. Il mendiait de la nourriture pour eux et leur faisait lui-même prendre leurs repas lorsqu'ils tombaient malades. Il apportait de l'eau du Gange pour nettoyer leurs kutirs et soignait les malades atteints du choléra et de la variole. Au besoin, il veillait toute la nuit au chevet du sâdhu convalescent. Il portait les malades sur son dos pour les emmener à l'hôpital. Grâce à l'argent généré par son assurance vie, le swami ouvrit un dispensaire pour les pauvres, à Lakshmanjula, en 1927. Il assistait les pèlerins et voyait en eux le narayana.

Swamiji pratiquait toutes les sortes de yoga et étudiait les Écritures. Après des années d'une sadhana intense et continue, il eut le bonheur d'atteindre le nirvikalpa samadhi[1]. Il était arrivé à la fin de son voyage spirituel.

---

1. Illumination

Il conservait des morceaux de papier et des enveloppes usagées et les collait dans de petits carnets où il inscrivait des consignes pour lui-même. Parmi celles qui furent retrouvées, l'une d'elles disait ceci : « Renonce au sel, au sucre, aux épices, aux légumes, au chutney et au tamarin. » Une autre page contenait le message suivant : « Sers les bhangis, les voleurs, sers tes inférieurs, retire la matière fécale, nettoie les vêtements des sâdhus, savoure l'instant, transporte de l'eau » et une autre, celui-ci : « Ne recherche point la vengeance, ne combats point le mal, sois bon envers ceux qui cherchent à te nuire, endure sereinement les offenses et les insultes. » Sur quelques petites pages soignées, nous lûmes à nouveau : « Comme un enfant, oublie l'affront qui vient de t'être fait. Ne le garde jamais en ton cœur. Cela nourrit la haine. Cultive le maitri (l'amitié), le karuna (la compassion), le daya (la miséricorde), le prema (l'amour), le kshama (le pardon). » Un autre paragraphe dit ceci : « Apprends les bonnes mœurs, l'absolue politesse, la courtoisie, l'étiquette, le maintien correct, la noblesse, la gentillesse, la douceur. Ne sois jamais grossier, blessant ou cruel. Rien au monde ne doit être haï. La haine est ignorance. Le mépris envers toute chose ou personne doit être combattu par l'amour et le vichara (l'examen). »

Swamiji traversa l'Inde de part en part au cours de sa vie de parivrajaka (moine en errance). Il se rendit sur d'importants sites de pèlerinage dans le sud, y compris Rameswaram. Il dirigea des séances de sankirtan et enseigna. Il visita l'ashram Aurobindo et rencontra Maharishi Suddhananda Bharati. À l'ashram Ramana, il eut un darshan de Sri Ramana Maharishi le jour de l'anniversaire de celui-ci. Il chanta des bhajans et se livra à des danses religieuses avec les bhaktas de Ramana. Au cours d'un voyage, Swami visita Kailas-Manasarovar et Badri.

L'organisation

À l'issue de son pèlerinage, il s'en retourna à Rishikesh, et en 1936, il posa les fondations de la Société de la Vie Divine sur la rive du Gange sacré. Il trouva un vieux kutir décrépi et abandonné qui ressemblait à une étable que plus personne n'utilisait. Pour lui cela représentait encore davantage qu'un palais. Celui-ci contenait quatre « pièces ». Swami Sivananda nettoya le kutir et l'habita. Puis le nombre croissant de disciples désireux de s'asseoir en lotus à ses côtés et que ses conditions de vie austères ne décourageaient point, le contraignit à agrandir ses locaux. Il trouva d'autres étables, vides, mais insalubres. Un vieux fermier occupait une pièce tandis qu'une autre contenait du foin et du fumier. En l'espace d'environ une année, le vieux fermier libéra sa chambre et les membres de la Société de la Vie Divine se l'approprièrent. Ainsi se déroulèrent ses prémices.

Après ces débuts modestes, la Société grandit peu à peu jusqu'à constituer aujourd'hui le quartier général d'une organisation d'envergure mondiale, pourvue de ramifications à l'intérieur du pays comme à l'étranger. En 1936, Swami Sivananda déclara sa société comme un *trust* ayant pour objectif principal le partage de connaissances spirituelles et l'aide humanitaire. La distribution gratuite d'écrits sur le thème de la spiritualité attira un afflux constant de disciples auprès de Sri Swami. Il recruta du personnel compétent et il mit en place différents secteurs en sein de la Société afin de permettre à ses étudiants de se livrer à diverses activités nécessaires à la purification de leurs cœurs et à leur développement spirituel. On fit en sorte que son journal mensuel «L'Existence Divine» fut publié pour la première fois en septembre 1938, le jour de son anniversaire. La Seconde Guerre mondiale faisait rage et afin d'émettre un flot continu d'énergie pacifique dans le monde entier et d'aider les âmes perdues, il entama l'akhanda mahamantra kirtan (le chant ininterrompu du mahamantra : Hare Rama Hare Rama ; Rama Rama Hare Hare ; Hare Krishna Hare Krishna ; Krishna Krishna Hare Hare, en continu) le 3 décembre 1943 et commença à rendre régulièrement hommage au Seigneur Sri Visvanath Mandir trois fois par jour, le 31 décembre 1943.

Pour toute chose, Swami Sivananda croyait au pouvoir de la synthèse, dans le yoga comme dans le soulagement de la souffrance humaine. Ce mode de traitement allopathique est indissociable de sa personne et de sa Société et l'était avant même ses premiers jours à Swargashram. Puis il ressentit le besoin de traiter la population grâce à des préparations ayurvédiques authentiques à base d'herbes rares qui poussaient dans l'Himalaya. Il fonda alors en 1945 la Pharmacie Ayurvédique Sivananda qui s'est développée à tel point qu'aujourd'hui, elle peine à satisfaire une demande en constante augmentation.

Swami Sivananda fonda la Fédération Mondiale des Religions le 28 décembre 1945, ainsi que la Fédération Mondiale des Sâdhus le 19 février 1947. L'année 1947 fut d'ailleurs celle d'une formidable diversification des activités de la Société de la Vie Divine. Ce fut l'année du Jubilée de Diamant de l'Âme Élevée, au cours de laquelle bien des bâtiments furent construits. La Yoga-Vedanta Forest University fut fondée en 1948 afin de pouvoir dispenser un enseignement spirituel régulier aux résidents sadhaks, mais aussi de profiter aux visiteurs.

En 1950, Swami Sivananda entreprit un voyage culturel à travers l'Inde tout entière et le Ceylan afin de diffuser son message divin dans tout le pays. Ainsi, il opéra un véritable bouleversement de la conscience morale et spirituelle du peuple indien. Depuis, un flot ininterrompu de curieux se déverse sur l'ashram et des lettres plus nombreuses encore affluent de la part d'aspirants des quatre coins du pays et réclament un enseignement plus approfondi. Les Presses de la Yoga-Vedanta Forest University virent le jour en septembre 1951 et constituèrent un moyen très avantageux de partager des connaissances dans le monde entier. Le Sri Swamiji convoqua le Parlement Mondial des Religions en 1953, à l'ashram Sivananda.

Le petit dispensaire, si cher au cœur du Swami Sivananda, a été progressivement agrandi pour devenir un véritable hôpital équipé notamment d'appareils à rayons X. L'hôpital de l'Œil de Sivananda a été officiellement ouvert en décembre 1957. Il dispose actuellement de dix lits pour des patients permanents et est en cours d'agrandissement afin d'en offrir trente.

La Ligue des Éditeurs ayant publié la quasi-totalité des écrits du Maître, ses disciples ressentirent le besoin d'étudier ses ouvrages en profondeur. Cela donna lieu à l'ouverture en 1958 de l'Institut de Recherche Littéraire Sivananda qui, entre autres choses, décida de faire traduire et publier systématiquement tous les ouvrages du Maître dans toutes les langues régionales indiennes. Le Comité D.L.S. fut donc créé en 1959 et on lui adjoignit un comité régional pour chaque langue.

Le Jubilée d'Argent de la Société fut célébré en 1961. Au cours des années alors écoulées, le Maître avait vu sa mission accomplie de son vivant.

Grâce à la publication de presque trois cents ouvrages, y compris des périodiques et des lettres, Swami Sivananda diffusa son appel divin et solennel à l'entraide, à la méditation et à l'amour de Dieu dans le vaste monde. Ses fidèles disciples venus de tous les pays étaient issus de religions très diverses.

Son yoga, qu'il appelait fort à propos «le yoga de la synthèse» consistait à assurer un développement harmonieux de la «main», de la «tête» et du «cœur» grâce au karma yoga, au jnana yoga et au bhakti yoga.

Le 14 juillet 1963, l'Âme Élevée, Swami Sivananda connut le Mahasamadhi (départ d'un saint du monde mortel) dans son kutir, sur la rive du Gange, à Shivanandanagar.

Comment Dieu est entré dans ma vie

Swami Sivananda

Il serait aisé d'éluder la question en disant : « Il est vrai qu'après une intense période d'austérités et de méditation, alors que je vivais dans l'ermitage de Swarg Ashram et après que j'eus reçu le Darshan[1] et les bénédictions d'un certain nombre de Maharishis[2], le Seigneur apparut devant moi sous la forme de Sri Krishna. »

Mais une telle déclaration ne serait que partiellement vraie, et ne suffirait pas à répondre à une question ayant trait à Dieu, qui est infini, illimité et au-delà de toute saisie par la parole ou l'esprit.

La Conscience cosmique n'est ni un accident ni un coup de chance. Elle constitue le sommet de toute ascension humaine ; pour y accéder, l'individu doit emprunter un chemin semé d'épines et de marches à gravir, de marches glissantes. J'ai gravi ces marches une à une avec peine ; mais, à chaque étape, j'ai fait l'expérience de Dieu entrant dans ma vie et me soulevant sans effort pour m'amener à l'étape suivante.

Mon père adorait les cultes cérémoniels ; il les observait avec une grande régularité.

Pour mon esprit d'enfant, l'image qu'il adorait était celle de Dieu ; aussi, je prenais grand plaisir à assister mon père dans ce cérémoniel en lui apportant des fleurs et d'autres objets de culte.

La profonde satisfaction intérieure que ces cultes nous apportaient insuffla dans mon cœur la conviction que Dieu se trouvait réellement dans ces images que Ses fidèles tenaient en adoration. C'est ainsi que Dieu entra dans ma vie pour la première fois et me fit poser le pied sur le premier échelon de l'escalier spirituel.

Adulte, je devins féru de gymnastique et d'exercices physiques vigoureux. L'escrime me fut enseignée par un maître qui appartenait à une basse caste. C'était un Harijan, c'est-à-dire un intouchable. Je ne bénéficiais de ses enseignements que depuis quelques jours lorsque l'on me fit comprendre qu'il était

1. Vision du divin
2. Voyants

inconvenant pour un membre de la caste Brahmane de passer pour un élève au-près d'un intouchable. Je réfléchis longuement à cette question. Pour un temps, j'eus le sentiment que le Dieu que nous adorions sur l'image se trouvant dans la chambre de culte de mon père s'était logé dans le cœur de cet intouchable. Ce dernier était bien devenu mon Gourou, mon guide spirituel. J'allais donc à lui avec des fleurs, des sucreries, des vêtements, le couvrait de guirlandes, mettais des fleurs à ses pieds et me prosternais devant lui. C'est ainsi que Dieu entra dans ma vie une seconde fois en retirant le voile de la distinction au sein des castes.

Peu de temps après, je réalisai à quel point cette étape fut importante. En ef-fet, il eut été inepte, alors que je m'apprêtais à intégrer le corps médical et à me mettre au service de toutes et de tous, de persister à faire des distinctions de caste.

Une fois ce brouillard éclairci par la lumière de Dieu, servir tout un chacun devint pour moi chose aisée et naturelle. Chaque service que je procurais pour guérir ou soulager les hommes de leur misère me remplissait de joie.

Si une bonne ordonnance permettait de guérir de la malaria, j'étais convaincu que le monde entier devait immédiatement en être informé. J'étais ainsi prêt à acquérir et à partager toute connaissance liée à la prévention médicale, à la promotion de la santé et à la guérison face à la maladie.

Puis, en Malaisie, Dieu vint à moi sous la forme d'un malade. Il devient main-tenant difficile de distinguer chacune de ces instances ou Dieu m'apparut, et peut-être cela importe-t-il peu. Le temps et l'espace sont des concepts de l'esprit et ne signifient rien lorsqu'ils sont appliqués à Dieu. Je peux aujourd'hui regarder en arrière et englober toute cette période de ma vie en Malaisie en un seul et même événement où Dieu vint à moi sous la forme du malade et du souffrant.

Les gens sont malades physiquement et mentalement. Pour certains, la vie est une mort lente ; pour d'autres, la mort a plus d'attrait que la vie ; enfin, il est des hommes et des femmes qui courtisent la mort et se suicident, car affronter la vie leur est trop difficile.

Si, d'après l'aspiration qui grandissait en moi, Dieu n'avait pas seulement conçu ce monde comme un enfer de souffrance pour les gens malfaisants, et s'il existait (comme j'en avais l'intuition) autre chose que cette misère et cette existence impuissante, alors j'estimais que cela devait faire l'objet d'une vraie connaissance et constituer le vécu de chacun.

C'est à ce moment décisif de ma vie que Dieu vint à moi à travers un men-diant duquel je reçus ma première leçon de Vedanta où étaient exposés les as-pects positifs de l'existence, le but et la finalité réelle de la vie humaine. Cela me conduisit de la Malaisie à L'Himalaya. Dieu m'apparaissait maintenant sous la forme d'une aspiration dévorante ; celle de faire de Lui l'Âme de chacun.

La méditation et le dévouement s'enchaînaient à un rythme rapide, puis je fus l'objet de diverses expériences spirituelles. Le corps, l'esprit et l'intellect, de par les limites qui les gouvernent, s'évanouissaient au profit d'un univers empli tout entier de Sa lumière. Dieu vint alors sous la forme de cette Lumière dans laquelle toute chose était revêtue d'une forme divine, et où la douleur et la souffrance qui avaient l'air de ronger tout un chacun ne semblaient plus qu'un mirage, l'illusion que l'ignorance génère en raison des bas appétits sensuels que l'homme garde tapis en lui.

Un jalon de plus devait cependant être franchi afin de comprendre que « tout est Brahmane ». Au début de l'année 1950, le 8 janvier, le Seigneur m'apparut sous la forme d'un agresseur à moitié dément qui vint troubler le Satsang[1] nocturne au sein de l'ashram. Sa tentative se conclut par un échec. Je m'inclinai devant lui, lui témoignai mon adoration et le renvoyai chez lui. Le mal n'existe que pour glorifier le bien. Il n'est qu'apparence superficielle ; dessous son voile, l'Être unique, en chacun, brille.

Soulignons ici un fait important. Dans ce mouvement évolutif, rien de ce qui avait été acquis n'était relégué au second plan. Chaque état fusionnait avec celui qui lui succédait, et le Yoga de synthèse devint le fruit de ce mouvement. Le culte de la divinité, le dévouement à l'égard des malades, la culture de l'amour cosmique qui transcendait les barrières de caste, de principe et de religion et le but ultime qui consistait à atteindre l'état de la Conscience Cosmique, me fut révélé. Il m'apparut, en outre, que cette connaissance devait immédiatement être donnée en partage. Cela devait faire partie intégrante de mon être.

La mission avait gagné en force et s'était répandue. En 1951, j'entrepris mon voyage dans toute l'Inde. Puis Dieu vint à moi sous Son apparence de Vishvarupa, c'est-à-dire une multitude d'adeptes, désireux d'entendre les doctrines de la vie divine. Dans chaque centre, je sentais que Dieu parlait à travers moi, et que Lui-Même, dans sa forme cosmique, se répandait devant moi telle la multitude, et m'écoutait. Il chantait avec moi, Il priait avec moi ; Il parlait et, aussi, Il écoutait. « Sarvam Khalvidam Brahma », « tout est en effet Brahman[2]. »

---

1. Action de s'entretenir avec des sages.

2. Le Sacré, l'Absolu, la seule Réalité dont la manifestation (Maya) n'est qu'une illusion ; la Conscience qui se connaît en tout ce qui existe, l'existence supracosmique qui sous-tend le cosmos.

Ce que la vie m'a enseigné

Swami Sivananda

C'est pour ainsi dire en un instant que j'aboutis, tôt dans mon existence, à la conclusion que les manifestations observables ne peuvent suffire à combler la vie humaine ; qu'il y a quelque chose, au-dessus de toute perception humaine qui contrôle et règne sur tout ce qui est visible.

Je pourrais déclarer, non sans audace, que je commençais à percevoir les réalités qui existent derrière ce que nous appelons la vie sur terre. L'état de trouble et d'angoisse fiévreuse qui caractérise l'existence ordinaire de l'homme témoigne d'un but supérieur qu'il doit atteindre un jour ou l'autre.

Lorsque l'homme est pris dans les filets de l'égoïsme, de la cupidité, de la haine et de la luxure, il oublie naturellement ce qu'il contient en lui. Le matérialisme et le scepticisme règnent alors en maître. Il s'emporte pour tes vétilles et fait place à la discorde en devenant agressif. Pour résumer, l'homme devient misérable.

La profession de médecin me fournit amplement la preuve des grandes souffrances de ce monde. À travers elle, je reçus la bénédiction d'une vision et d'une perspective nouvelles. Je fus alors convaincu qu'il devait exister un endroit, un doux sanctuaire de gloire immaculée, de pureté et de splendeur divine, où les hommes pouvaient à jamais jouir d'une sécurité absolue, d'une paix et d'un bonheur parfaits. Par conséquent, pour être en accord avec le principe du Shruti (la révélation par les sages), je renonçai au monde, sentant dorénavant que j'appartenais au monde entier.

Une formation faite de stricte autodiscipline et de pénitence me dota d'une force suffisante pour que je me meuve indemne parmi les vicissitudes du monde phénoménal. Je commençai à pressentir alors le grand bien dont bénéficierait l'humanité si je pouvais rendre cette vision accessible à tout un chacun. Ainsi, je donnai à l'instrument de mon travail le nom de « The Divine Life Society[1] ».

Pris dans leur chronologie, les événements déchirants du vingtième siècle ne manquèrent pas d'affecter les individus dotés d'un esprit affûté. Les horreurs du passé, la menace d'autres guerres possibles et la souffrance qui en découlaient

1. Société de la Vie Divine

les touchaient profondément. Il était par ailleurs aisé de constater que la plupart des souffrances subies par l'humanité trouvaient leur cause dans les actes commis par ceux-là même qui la composaient.

Par conséquent, le besoin urgent de notre temps consistait à faire en sorte que l'homme prenne conscience de ses erreurs et de ses folies, et de le conduire à se racheter en employant la vie à des fins plus nobles.

Comme pour répondre à ce besoin, je vis la naissance de la Mission de la vie divine avec son devoir de délivrer l'homme des forces de sa nature inférieure et de l'élever à la conscience de sa vraie relation avec le Cosmos.

Ce travail consiste à stimuler la conscience religieuse, d'amener l'homme à un éveil de sa divinité essentielle. La discussion et l'argumentation seules ne peuvent permettre d'enseigner et de comprendre la religion. Cela nécessite une expiation particulière à l'égard du vaste environnement qui nous entoure, une capacité à ressentir ce qu'il y a de plus profond et ce qu'il y a de plus grand. Cela nécessite également une entente sincère avec la création. La religion consiste à vivre, et non pas à parler ou à montrer. J'estime que, quels que soient la religion à laquelle il croit, le prophète qu'il adore, la langue qu'il parle, son âge ou son sexe, l'homme peut mener une vie religieuse ; et ce tant que la réelle implication du terme sanctifié de «Tapas» (qui renvoie fondamentalement à toute forme de maîtrise de soi) fait l'objet d'une mise en pratique quotidienne et aussi aboutie que possible, au sein de l'environnement et des circonstances desquels l'homme dépend.

J'estime également que la religion vraie est la religion du cœur. Pour cela, le cœur doit subir une purification. La vérité, l'amour et la pureté sont à la base de la religion vraie. La maîtrise des bas instincts, la conquête de l'esprit, la culture des vertus, le dévouement à l'égard de l'humanité, la bienveillance, la fraternité et une entente harmonieuse constituent les piliers de la religion vraie. Ces idéaux sont inclus dans les principes de la Société de la Vie Divine. Principes que je m'efforce d'inculquer en montrant l'exemple, ce qui selon moi a beaucoup plus de poids que toutes sortes de préceptes.

Le penseur moderne ne dispose ni du temps nécessaire ni d'une patience suffisante pour se livrer à des pratiques religieuses austères ainsi qu'à la rigueur que nécessite l'exercice du Tapas. Du reste, nombre de ces pratiques sont reléguées au rang de superstition. Afin que la génération actuelle bénéficie de ce qu'est réellement le Tapas dans sa vraie dimension religieuse, que sa signification réelle lui soit révélée, qu'elle soit convaincue de ses implications et de son efficacité, je brandis ma torche de vie divine, qui est un système de vie religieuse correspondant à tout un chacun, pouvant être appréhendé de manière pratique aussi bien par le reclus que par l'employé de bureau, compris de la même manière par l'érudit que par le simple, dans toutes les différentes étapes et phases qui le composent.

Cette religion ne renferme rien d'autre que ce qui est nécessaire pour donner leur véritable sens aux devoirs quotidiens de l'être humain.

La vie divine est belle de par sa simplicité et de par le fait que l'homme ordinaire peut l'appliquer au quotidien. Que nous fréquentions l'église, le temple ou la mosquée, elle reste immatérielle, car toute prière sincère est entendue par le Divin.

L'homme ordinaire en quête de Vérité se voit très souvent dupé par les caprices de son esprit. Et il n'est pas rare qu'un individu épris de spiritualité se trouve en proie à la confusion avant d'atteindre l'achèvement de sa progression.

Il est naturellement tenté de relâcher ses efforts à mi-chemin. Si les pièges sont nombreux, il est certain que ceux qui avancent d'un pas lent, mais sûr, parviendront à accomplir le but de la vie qui réside dans l'universalité de l'être, le savoir et la joie. J'ai, dans tous mes ouvrages, accordé beaucoup d'importance à la discipline des sens et de leur turbulence, à la conquête de l'esprit, à la purification du cœur et à la réalisation de la force et de la paix intérieure, et à leur adaptation à chaque étape de l'évolution.

J'ai compris que le devoir premier de l'homme est d'apprendre à donner, à donner avec charité, à donner avec générosité, à donner avec amour en étant délesté de toute attente, car celui qui donne n'est jamais perdant ; au contraire, ce qu'il reçoit en donnant est d'une valeur considérable. L'acte de charité ne se résume d'ailleurs pas à offrir certains biens matériels et demeure imparfait s'il n'est pas corroboré par une charité de caractère, de sentiment, de compassion et de savoir. La charité signifie le sacrifice de soi aux différents niveaux de l'être. Aussi, je conçois la Charité au sens le plus noble comme étant similaire au Jnana Yajna[1], c'est-à-dire au sacrifice de la sagesse.

De même, je considère que la bonté d'âme alliée à la pratique de cette bonté constitue le fondement de notre vie. Je nomme bonté la capacité à être en empathie avec autrui, à vivre et à ressentir comme autrui, et à être en mesure d'agir de manière à ce que personne ne souffre de ces actes. La bonté est le visage du Divin. Par ailleurs, je pense qu'être bon dans la réalité et jusque dans les tréfonds de son cœur est une chose difficile, bien qu'en tant qu'enseignement, cela puisse

1 Partage de la connaissance.

paraître simple. Pour peu que l'on soit honnête avec soi-même, c'est en effet l'une des choses les plus difficiles qu'il nous soit donnée d'accomplir sur terre.

Le monde physique n'existe pas pour moi. Ce que je vois, je le vois dans la manifestation glorieuse du Tout-Puissant. Je me réjouis lorsque je contemple le Perusha avec ses mille têtes, ses mille yeux et pieds, ce Sahasrarasirsha Purusha. Lorsque je sers autrui, ce ne sont pas les personnes que je vois, c'est Le Divin dont ces personnes composent les membres. J'apprends à être humble devant L'Être puissant dont nous ressentons la joie et par le souffle duquel nous respirons. Je ne pense pas qu'il y ait d'autre leçon à apprendre ou à donner que celle-ci. C'est là la crème de la religion et la quintessence de la philosophie dont chacun d'entre nous a besoin. La philosophie que je porte n'est pas une doctrine de l'illusion fantasque, subjective et réfutant le monde, ni la théorie universelle et grossière d'un humanisme saturé de sens. Il s'agit du fait de l'univers en tant que divinité, de l'immortalité de l'âme humaine, de l'unité que forme la création avec l'Absolu ; ceci est, me semble-t-il, la seule doctrine qui soit digne d'être prise en considération. De même que le Brahmane omniprésent et représentant l'univers dans toute sa diversité apparaît à tous les niveaux de Sa manifestation, l'aspirant doit rendre hommage aux manifestations inférieures avant de s'élever plus haut.

La bonne santé, la compréhension limpide, la connaissance profonde, la volonté pure et puissante ainsi que l'intégrité morale sont les composantes indispensables à l'accomplissement de l'idéal de l'humanité dans son ensemble. S'accorder, s'adapter, s'accommoder, distinguer le bien dans toute chose, mettre en pratique tous les principes de la nature au sein de l'évolution qui permet d'accéder à la réalisation de Soi, font partie des actions essentielles à mener pour forger une philosophie de la vie.

Pour moi, la philosophie ne se résume pas simplement à l'amour de la sagesse ; elle signifie également la possession réelle de celle-ci. Aussi, j'ai dans tous mes écrits prescrit des méthodes permettant de surmonter et de maîtriser les niveaux physiques, intellectuels, mentaux et vitaux de la conscience, afin de progresser vers le perfectionnement de soi à travers la pratique de la sadhana.

Contempler le Seigneur dans toute forme, dans chaque être, ressentir Sa présence en tout lieu et quelques soient les circonstances de la vie ; voir, entendre, goûter et sentir Dieu en toute chose ; tels sont les principes de ma philosophie.

De vivre en Dieu, de me fondre en Dieu, de me dissoudre en Dieu ; tel est mon credo.

Au sein d'une telle union, employer mes mains, mon esprit, mes sens et mon corps tout entier au service de l'humanité, chanter les Noms du Seigneur, aider à l'élévation des fidèles, mettre ses enseignements à disposition de sincères aspirants et disséminer mon savoir à travers le monde ; telle est ma profession de foi, si tant est que l'on puisse la nommer ainsi.

Être un ami et un bienfaiteur cosmique, un ami à l'égard des pauvres, des laissés-pour-compte, des vulnérables et des déchus, telle est ma doctrine.

Venir en assistance aux malades, s'occuper d'eux avec soin, avec compassion et avec amour, réconforter ceux qui ont perdu espoir, insuffler à tous la force et la joie, ressentir l'unité avec tous sans exception, et traiter chacun avec un égard semblable. Là est ma doctrine sacrée.

Dans son principe le plus haut, il n'existe ni paysans, ni rois, ni mendiants, ni empereurs, ni hommes, ni femmes, ni maîtres, ni élèves. Il me plaît de vivre, de me mouvoir et d'évoluer dans cet indescriptible royaume.

Le premier pas est souvent le plus difficile à franchir. Mais une fois engagé, les autres deviennent aisés. Il est cependant nécessaire que les gens s'arment de davantage de courage et de patience ; généralement, ils se défilent, hésitent, sont tiraillés par la peur. Mais ces appréhensions sont dues à l'ignorance du vrai devoir qui est le leur. C'est pourquoi un certain degré d'éducation et la culture sont indispensables pour que chacun comprenne de manière suffisamment claire quelle est sa place dans le monde.

Notre système éducatif a besoin d'être remanié, car il se contente de stagner à la surface des choses sans jamais aborder l'humain dans ce qu'il a de plus profond. Pour parvenir à cela, la coopération ne doit pas s'établir uniquement au sein de la société, elle doit également être effective sur le plan gouvernemental.

Sans entraide, les chances de réussite sont faibles. Le cœur et l'esprit devraient s'unir, l'idéal et le réel devraient être intimement liés. Le fait d'œuvrer en fonction d'un tel savoir est le principe même du Karma Yoga (action et union). Le seigneur a déclaré cette vérité dans la Bhagavad Gita[1].

Je prie pour que cet idéal suprême se matérialise dans la vie quotidienne de chaque individu. Je prie pour que le paradis existe sur terre. Ceci n'est pas un simple souhait ; c'est une possibilité et un fait qui ne peuvent être réfutés. Ce principe se réalisera si la vie se révèle telle qu'elle devrait être.

---

1 La Bhagavad-Gita, Bhagavadgita, ou Gita, est la partie centrale du poème épique Mahabharata. Ce texte est un des écrits fondamentaux de l'hindouisme souvent considéré comme un « abrégé de toute la doctrine védique ».

L'AUTOBIOGRAPHIE DE
SWAMI SIVANANDA

OM

CHAPITRE UN

Je nais

Le saint avènement : Sri Dikshitar

Sur cette terre bénie de laquelle seule dépend la lutte de l'homme afin qu'il atteigne *Mukti*[1], ou le Salut, au sein de laquelle les Divinités (*Devas*) sont muées par le désir et le devoir de naître afin de parvenir à la joie ultime, apparaissent, de temps à autre, de grands et rares *Mahatmas* (grandes âmes), dont l'unique raison d'être est de faire rayonner l'amour, la lumière, la joie et la bonté tout autour d'eux ; de servir les pauvres et les faibles, de réconforter ceux qui se sentent abattus et délaissés, d'exalter l'ignorant, de disséminer la connaissance spirituelle parmi les hommes et d'amener la joie et le bonheur à l'ensemble de l'humanité souffrante. Ce sont eux les Saints et les Sages, les Arahants et les Bouddhas, les Swamis et les Yogis qui ont embelli cette terre à des âges et sous des cieux différents. Dans le Chant du Seigneur (*Bhagavad Gita*), il est écrit :

« Ayant atteint les mondes de la vertu et y ayant séjourné durant d'innombrables années, celui dont le lien avec le Yoga s'est rompu naît dans une maison pure et sainte. Il se peut aussi qu'il naisse dans une famille de Yogis d'une grande sagesse, mais une telle naissance demeure très rare dans ce monde. » (Chap. VI, versets 41-42.)

Sri Appaya Dikshitar était l'un de ces sages. Je suis de ceux qui ont eu le privilège de naître dans la famille de cet être saint. Sri Appaya Dikshitar naquit à Adaipalam près de la ville de Arni, dans le district de North Arcot[2].

Un géant parmi les génies

Sri Appaya Dikshitar, l'un des plus grands noms contenus dans les annales

---

1 Libération ; en philosophie : délivrance finale, salut.

2. En 1989, le district de North Arcot fait l'objet d'un morcellement en deux districts distincts, celui de Tirunnavanamalai (où se situe la ville de Arni) et celui de Vellore.

de l'Inde du Sud, est l'auteur renommé de plus de 104 ouvrages écrits en Sanskrit, dans lesquels son savoir englobe toutes les différentes branches de la connaissance. Son éminence intellectuelle a incontestablement atteint son apogée avec ses travaux exceptionnels — et à ce jour inégalés — sur le Vedanta[1], dont toutes les écoles de Vedanta se sont inspirées. Parmi ces œuvres, le *Chaturmatasarasangraha* est à juste titre célèbre pour la minutieuse justesse avec laquelle l'auteur y énonce les principes des quatre grandes écoles que sont la Dvaita, Visihtadvaita, la Siva-advaita et l'Advaita à travers les quatre sections qui en forment le contenu, soit : « Nyayamuktavali », « Nyamayukhamalika », « Nyayamanimala », et « Nyayamanjari ».

Il fut sans égal dans presque toutes les branches de la philosophie, de la rhétorique, de la poésie et de la littérature sanskrite, non seulement parmi ses contemporains, mais également parmi les savants qui le devançaient de plusieurs décennies. Le *Kuvalayananda* est généralement considéré comme l'un des meilleurs textes portant sur la rhétorique ; quant à ses poèmes à la gloire de Shiva, ils sont parmi les plus admirés des adorateurs de cette Divinité. Ses écrits comprennent également un commentaire savant sur le Vedanta intitulé « Parimala » qui est un monument unique d'érudition philosophique.

Sri Appaya Dikshitar était doué d'une intelligence suprême. L'hommage dont il fait encore l'objet encore aujourd'hui est la preuve manifeste d'une grande vénération en son temps. On dit qu'un jour il se rendit dans le village qui avait vu naître son épouse. Les villageois, fiers de pouvoir le considérer comme l'un des leurs, lui firent alors un immense accueil. L'enthousiasme était à son comble, les gens s'écriaient « le Grand Dikshirar vient à notre rencontre ». Dikshitar, cet hôte de grande distinction, fut accueilli par plusieurs foules d'individus qui s'attroupèrent autour de lui, car ils étaient curieux de voir le grand « Lion du Vedanta ». C'est alors qu'une vieille dame du coin, piquée d'une certaine curiosité, sortit de chez elle, son bâton à la main, pour constater d'elle-même l'étoffe du « phénomène ». Avec la liberté qui caractérise les personnes d'un certain âge, elle se faufila sans difficulté à travers la foule et observa, pendant quelques minutes, Sri Appaya avec insistance.

Ce visage lui semblait vaguement connu. Elle songea alors « J'ai déjà vu ce

---

1. « Fin, aboutissement, conclusion des Vedas » est une école de philosophie indienne.

visage quelque part» puis s'exclama soudain «Attendez! Mais oui, tu es bien l'époux d'Achchca, n'est-ce pas?» Le grand érudit acquiesça avec un sourire.

La vieille dame était déçue; le visage renfrogné et l'esprit maussade, elle reprit le chemin de la maison en remarquant: «Mais, enfin, pourquoi font-ils toute une histoire?! Ce n'est que le mari d'Achcha après tout!». Sri Appaya synthétisa tout un monde de sagesse lorsqu'il reprit cet incident caustique dans le demi-vers suivant: «*Asmin Grame Achcha Prasiddha*», c'est-à-dire «Dans ce village, la notoriété et la préséance reviennent à Achcha».

Une grande sommité spirituelle

Beaucoup considèrent Sri Appaya comme un avatar de Seigneur Shiva. Lorsqu'il se rendit au temple de Tirupati dans le sud de l'Inde, les vishnouites refusèrent de le laisser entrer parce qu'il était shivaïte.

Mais! Regardez! Le lendemain matin, le *mûrti*[1] avait pris la forme de Shiva. Le Mahant n'en revenait pas et, abasourdi, il implora son pardon à Dikshitar, en lui suppliant de redonner au mûrti sa forme initiale et les attributs de Vishnou; une requête à laquelle, il va sans dire, le grand saint accéda.

Sri Dikshitar vécut au milieu du 16e siècle. Il fut, dans le domaine de la poésie, l'un des grands rivaux de Panditaraja Jagannatha. Ces idées concernant le côté doctrinal du Sankara-Vedanta ne relevaient en rien d'un non-conformisme quelconque, pourtant, il fut à l'origine de virulentes controverses avec les adeptes du philosophe Vallabha, notamment à Jeypore. Son *Siddhantalesha* fait l'une des synthèses les plus remarquables des différences doctrinales qui divisent les disciples de Sankara.

Il fut l'un des esprits les plus éclairés que l'Inde n'ait jamais produits. Bien que nous n'ayons que peu d'éléments concernant sa vie, ses travaux constituent un témoignage suffisant de sa grandeur.

Mon lieu de naissance

Pattamadai est un village charmant entouré de manguiers et de rizières verdoyantes qui se trouve à une vingtaine de kilomètres de Tinnevelly Junc-

---

1. Représentation divine de Vishnou.

tion dans l'état du Tamil Nadu. Un magnifique canal qui part du fleuve Tambraparni et connu sous le nom de Kanadiankal encercle Pattamadai comme une guirlande, de la même manière que les rivières Sarayu et Kaveri encerclent Ayodhya et Srirangam. Le fleuve Tambraparni est aussi appelé Daksnina Ganga[1], soit le Gange du sud. Le nom de « Tambraparni » vient de ce qu'il traverse des zones rocheuses riches en cuivre (*tambra*). L'eau y est très douce et est excellente pour la santé. Pattamadai est réputé comme étant le lieu où sont confectionnés les plus beaux tapis de jonc. Le tapis exposé à la Sivananda Regalia dont la texture rappelle celle de la soie remporte toujours l'admiration des visiteurs.

Mon père, Sri P.S. Vengu Iyer de Pattamadai était un descendant de Sri Appaya Dikshitar. Il exerçait la profession de Tahsildar, c'est-à-dire de chargé de recettes du domaine d'Ettiapuram. C'était un être vertueux dont l'âme était pure, un adorateur de Shiva (*Siva-Bhakta*) et un sage (*Jnani*). Il était adoré du Rajah Sahib d'Ettiapuram (le seigneur du domaine d'Ettiapuram) ainsi que d'une large partie de la population. Les gens disaient à son propos : « Venhu Iyer est grand (*Mahan*), c'est un homme saint (*Maha Purusha*) ».

Le juge Subramania Iyer avait été son camarade de classe et le tenait en très haute estime. Il pleurait à chaudes larmes (Ananda-bhashpam) dès lors qu'il proférait la formule sacrée « Sivoham, Sivoham » (« Je suis Shiva, je suis Shiva »). Son grand-père était un grand aristocrate (Zamindar) natif de Pattamadai connu sous le nom de Pannai Subbier. Un *Pannaiar* désigne un « propriétaire » ou un « aristocrate ».

Pattamadai renferme un excellent lycée fondé puis dirigé par un intellectuel érudit, aujourd'hui disparu, feu Ramasesha Iyer, B.A., L.T. L'une des particularités de cet endroit est l'aptitude des enfants pour la musique et le chant ; c'est ainsi que Pattamadai a vu naître de nombreux musiciens de renom.

Troisième fils de Srimati Parvati Ammal et de P.S. Vengu Iyer, je suis né le jeudi 8 septembre 1887, au lever du soleil, pendant l'ascension de l'étoile Bharani. Mon frère aîné, Sri P.V. Veeraraghava Iyer, était le secrétaire de direction du Rajah d'Ettiapuram. Mon autre frère, Sri P.V. Sivarama Iyer,

---

1.. L'actuel fleuve Godavari.

était inspecteur des bureaux de poste. Mon oncle, Appaya Sivam, fut un grand spécialiste de la langue sanskrite. Il était très aimé et respecté des gens du district de Tirunelveli et fut l'auteur de nombreux ouvrages philosophiques rédigés en sanskrit. Mes parents me donnèrent le nom de Kuppuswamy. Enfant, j'aimais à rassembler des fleurs et des feuilles de Bael, à confectionner de magnifiques guirlandes et à servir mes parents durant leur culte dédié à Shiva (*Shiva Puja*).

Être-en-devenir

Né dans une famille de fidèles, de saints et de philosophes et choyé durant mon enfance, mes parents m'ont élevé avec soin et j'ai reçu d'eux une très bonne instruction. Les gens qui m'entouraient admiraient mon physique exceptionnellement vigoureux, mon torse bien développé et mes bras puissants. Le Rajah d'Ettiapuram était ébahi par mon extrême vitalité mais il louait également ma politesse et mes bonnes manières. J'étais par nature audacieux, courageux, insouciant et avenant. Jadis, l'éducation et la culture étaient favorisées par un environnement et une atmosphère très propices. Jeune garçon, j'étais doté d'une énergie singulière et d'un tempérament très obstiné.

Aujourd'hui encore, je me souviens que lorsqu'en 1901 Lord Ampthill, alors Gouverneur de Madras, vint a Kurumalai Hills pour chasser, il me choisit pour lire le discours de bienvenue. À cette occasion, j'interprétai également une belle chanson en anglais sur le quai de Kumarapuram qui se trouvait à côté de la gare de Kovilpatti. Lors de l'annuelle reprise des prix à l'école, je recevais toujours de nombreux livres et cadeaux. À l'une de ces occasions, je reçus, entre autres, un volume des œuvres de Shakespeare paru dans les éditions du Globe ainsi qu'un ouvrage contenant les discours et les essais de Thomas Babington Macaulay. En 1903, je réussis mon examen d'entrée à l'université ; celui-ci se déroula au lycée du Rajah d'Ettiapuram. Puis, j'intégrai le S.P.G College de Trichinopoly[1] dont le directeur, à l'époque, était le révérend H. Packenham Walsh, lequel est aujourd'hui évêque.

À la faculté, je m'enthousiasmais pour les performances théâtrales. En 1905, fort de cet enthousiasme, j'interprétai dans l'enceinte de l'établissement le rôle d'Helena dans *Le Songe d'une nuit d'été*. Puis je réussis le prestigieux

---

1. Grande ville située de l'état du Tamil Nadu aujourd'hui connue sous le nom de Tiruchirapalli.

examen de langue tamoule de l'académie de Madurai Tamil Sangam. Je choisis ensuite de m'investir dans des études de médecine et, durant trois ans, à Trichinopoly, dirigeai le journal *Ambrosia* que j'avais moi-même créé. J'étais alors très ambitieux et plein d'enthousiasme.

En tant qu'étudiant, j'étais extrêmement actif. Lors de mes études au Tanjore Medical Institute, je passais les périodes de vacances à travailler mes cours au lieu de rentrer chez moi. Je passais toute la durée des vacances à l'hôpital et plus particulièrement dans les salles opératoires ou je bénéficiais d'une entrée libre. J'en profitais alors pour passer d'une salle à une autre et acquérir les connaissances chirurgicales qui étaient normalement réservées aux étudiants d'un niveau académique plus avancé.

Un assistant-chirurgien d'un certain âge qui devait se présenter à un examen de service me fit lire ses ouvrages médicaux à voix haute afin d'en mémoriser le contenu. Ce travail de lecture me permit d'accumuler un certain nombre de connaissances théoriques qui me permirent, assez rapidement, de me mesurer aux étudiants de niveau supérieur. C'est ainsi que je devins le meilleur dans toutes les disciplines. Un jour, j'entendis parler d'un assistant débordant d'initiative qui exerçait à l'hôpital de Mannargudi. J'aspirai à être son égal. En toute humilité, il me semble juste d'affirmer que mon savoir médical dépassait parfois celui de bien des médecins dont les diplômes étaient prestigieux.

À la maison, ma mère et mes frères essayaient de me persuader de m'engager dans une autre voie professionnelle que celle-ci, mais j'étais ferme dans ma résolution à persévérer dans le domaine médical qui me passionnait. Tout mon temps libre était ainsi passé à éplucher toutes sortes d'ouvrages médicaux.

Durant ma première année d'étude a l'école de médecine, j'étais capable de réussir des évaluations auxquelles des étudiants plus avancés échouaient. J'étais, dans toutes les disciplines, d'un niveau supérieur à mes camarades. De plus, durant cette même première année, j'eus le rare privilège d'étudier la médecine d'Osler sous l'égide du Docteur Tirumudiswami. Le lieutenant-colonel Hazel Wright de l'État-major militaire international m'adorait. Quant au Docteur Jnanam, admiratif à mon égard, il me considérait comme un bijou de l'institution. C'est ainsi que même durant mes congés, je restais à l'hôpital afin de travailler et d'acquérir toujours davantage de connaissances.

Puis, j'eus l'idée de me lancer dans la création de cette revue médicale à laquelle j'attribuai le nom d'*Ambrosia*. Sans perdre de temps, j'entrepris de mettre ce projet sur pied en ne négligeant aucun détail. J'obtins de ma mère la somme de cent roupies pour le lancement initial de la revue. Je me rapprochai de médecins spécialisés dans la médecine ayurvédique afin de renseigner au mieux les articles traitant de ce sujet. Je rédigeai moi-même certains articles traitant de sujets très divers et les publiai dans la revue sous des pseudonymes différents.

Le journal devint populaire peu de temps après son lancement en 1909. D'éminentes personnalités commencèrent à y contribuer financièrement. Si bien que lorsque ma mère eut un jour besoin de cent cinquante roupies pour la célébration d'un événement religieux, je n'eus aucun mal à lui verser cette somme.

Jusqu'à mon départ pour la Malaisie et durant ces quatre années de direction, l'*Ambrosia* fut un succès. Petit format in-quarto de trente-deux pages, le journal était bien présenté et le contenu que les lecteurs pouvaient y trouver chaque mois était à la fois attractif et d'un grand intérêt pour tout professionnel de médecine. Le journal se distinguait également par sa dimension spirituelle, palpable au fil des pages. À la différence des autres revues médicales, celle-ci abordait la médecine uniquement du point de vue des enseignements hérités de la sagesse des anciens. La spiritualité était ancrée en moi dès ma jeunesse.

Les épreuves de la vie

Je n'étais plus satisfait de la direction du journal. Je voulais trouver du travail afin de maintenir le journal à flot et de stabiliser ma situation. C'est ainsi que je quittai Trichinopoly et m'installai à Madras afin de travailler dans la pharmacie du Docteur Haller. Je devais gérer la comptabilité mais également assurer la prescription de médicaments et servir les patients. C'était un travail très difficile. Une fois ces tâches accomplies, je trouvais tout de même le temps de travailler sur l'édition et la publication de l'*Ambrosia*. Je fis suivre les anciens exemplaires de Trichinopoly à Madras et les envoyai à de hauts fonctionnaires ainsi qu'à d'autres personnalités importantes afin de gagner leur soutien. Puis le temps vint pour moi de trouver, ailleurs, une situation plus favorable.

Enfin, je décidai de tenter ma chance dans les Établissements des détroits de Malaya et écrivis à un ami, le Docteur Iyengar, pour lui faire part de mes intentions de me rendre en Malaisie occidentale. Il y a encore quelques années de cela, Dr Iyengar avait son cabinet de consultation à côté de celui du Docteur Haller mais, plus tard, il partit s'installer à Singapour. C'est ainsi qu'un jour je quittai Madras à bord du S.S. Tara.

J'avais alors bien peu l'habitude des voyages au long cours et n'avais aucune idée de la quantité de nourriture que je devais emporter avec moi, de la manière dont je devais me préparer pour commencer une carrière en Malaisie ou de l'argent dont j'avais besoin pour voir venir. Je fis donc mes bagages sans oublier d'emporter avec moi une bonne quantité de sucreries que ma mère m'avait préparées avec amour.

Issu d'une famille orthodoxe et par conséquent effrayé à l'idée d'emporter de la nourriture non végétarienne à bord du navire, j'optai pour les sucreries. Dans ma jeunesse, j'étais extrêmement friand de gourmandises sucrées. Les bonbons et l'eau que je buvais à profusion m'ont permis de survivre à ce périple. Cependant, peu habitué à un tel régime, j'atteignis Singapour dans un état pitoyable !

C'était un pari fort audacieux que celui de se jeter sur les hautes mers de l'incertitude. Je ne pouvais compter sur aucune épargne en cas de revers de fortune. Cependant, j'avais d'immenses espoirs et me jetai à l'eau pour éprouver la force de ma destinée. Ma volonté de fer et une détermination impétueuse jouèrent un rôle crucial dans le façonnage de ma vie et de mon parcours spirituel. Pourtant, les perspectives qui m'attendaient dans les marécages lointains de Malaisie ne laissaient rien présager de commode ; sur ces terres, je me trouvais seul, inconnu de tous et ne disposant d'aucune sécurité financière. Je devais tout recommencer à zéro et cela n'allait pas se faire sans un certain nombre de vicissitudes et de déceptions. Pourtant, après un certain temps, les circonstances me devinrent favorables et je sentis ma situation se stabiliser.

Immédiatement après avoir posé pied à terre, je me rendis au domicile de Dr Iyengar. Ce dernier me fit une lettre de recommandation auprès d'une de ses connaissances, le docteur Harold Parsons, médecin à Seremban, la capitale de l'état de Negeri Sembilan. Lorsque j'arrivai à Seremban, Dr Parsons n'était pas présent. À ce moment-là, le peu d'argent que j'avais pris avec moi avait été dépensé. Je restais néanmoins très optimiste quant à mes chances de trouver un emploi. Dr Parsons n'avait pas besoin d'un assistant mais je fis une telle impression sur le médecin qu'il me dirigea vers M. A.G. Robins, qui était le directeur d'une plantation de caoutchouc située dans les environs et qui disposait de son propre établissement hospitalier au sein du domaine.

Par chance, M. A.G. Robins avait justement besoin d'un assistant pour travailler dans cet hôpital. Il était un homme terrible et doté d'un tempérament violent, un homme aux proportions gigantesques, à la fois grand et corpulent. « Êtes-vous capable de vous occuper de la gestion d'un hôpital ? me demanda-t-il. ». Ce à quoi je répondis : « Bien sûr ! Je peux même m'occuper de la gestion de trois hôpitaux ! ». Je fus engagé sur-le-champ. Un Indien du coin m'avait cependant déconseillé d'accepter un salaire inférieur à cent dollars par mois, car d'après ses dires, cela était contraire à leurs pratiques. Par chance, Robins consentit à me verser un salaire initial de cent cinquante dollars. Le médecin qui avait jusqu'alors été en charge de la direction de l'hôpital venait tout juste de démissionner. On m'avait cependant informé qu'il ne s'était pas montré très compétent. Je parvins à me familiariser rapidement avec le matériel hospitalier et les réserves de médicaments et me trouvai bientôt absorbé par le travail. Ici encore, l'ampleur du travail que je devais affronter n'était pas des moindres. En plus d'administrer les médicaments, je devais tenir la comptabilité et effectuer le suivi des patients comme je le faisais pour le Dr Haller à Madras. Je fus assez rapidement saisi de maux dont je n'étais pas du tout accoutumé. Sentant que ces troubles commençaient à m'affecter lourdement, j'offris ma démission mais M. A.G. Robins me la refusa.

Plus tard, lors de mon service au sein du Johore Medical Office, je dus faire face à l'extrême paresse de mes assistants qui avaient pris l'habitude d'abuser de ma gentillesse et de mon indulgence. Ainsi, en plus de mes tâches quotidiennes, je devais assumer tout le travail que ces employés n'effectuaient pas. Par ailleurs, je m'interdisais de me plaindre de surmenage auprès de mon supérieur de peur que ce dernier se montre intransigeant à leur égard. Malgré ce problème qui demeurait, je persévérai.

C'est ainsi que durant près de sept années, je mis mes compétences au service de l'hôpital du domaine, situé dans les environs de Seremban. Je rejoignis ensuite l'équipe du Johore Medical Office à la demande de Docteur Parsons qui était rentré après avoir effectué un service de guerre. Après trois années d'exercice dans cet hôpital, je pris la décision de renoncer au monde.

En Malaisie, j'eus l'occasion de rencontrer des centaines de gens, parmi lesquels des natifs et des employés agricoles vivant dans un grand dénuement, ainsi que des villageois des environs. J'appris si bien le malais que je pouvais discuter avec les natifs dans leur propre langue.

Je me dévouais auprès des paysans du domaine agricole avec gentillesse et me faisais apprécier de tous. J'obtenais aussi bien l'estime des employeurs que celle des employés. J'adorais me mettre au service des autres. J'œuvrais tantôt à l'hôpital, tantôt dans la demeure d'un malade pauvre pour lui prodiguer des soins ainsi qu'à sa famille. Le docteur Parsons qui exerçait comme vacataire à l'hôpital du domaine avait beaucoup d'affection pour moi. Je l'assistais également dans les tâches qu'il accomplissait à titre privé. Pour venir en aide à des patients ou à des amis, il m'arrivait de donner ce que je gagnais, voire de mettre un certain nombre de mes objets de valeurs en gage.

J'étais aussi bien ami avec la direction qu'avec les travailleurs. Si les vidangeurs de latrines se mettaient en grève, c'est vers moi uniquement que le directeur du domaine agricole se tournait. On me voyait alors courir de-ci de-là et parvenir à remettre les vidangeurs au travail. En plus de mon service à l'hôpital, je me rendais également dans d'autres centres hospitaliers pour acquérir la maîtrise de connaissances spécifiques en bactériologie et différentes disciplines.

À cette époque, il ne se trouvât pas un seul ouvrage médical en langue anglaise que je n'eus pas lu et assimilé. En plus du travail que je devais accomplir, je venais également en aide à mes assistants et les formais quotidiennement avant de les envoyer dans d'autres hôpitaux avec une lettre de recommandation, en payant de ma poche leurs frais de voyage en train et en leur donnant de l'argent en cas d'urgence. Je me fis bientôt un nom à Seremban et Johor Bahru. Le directeur de la banque était toujours obligeant à mon égard lors de l'encaissement de mes chèques, et ce même durant les périodes de congés. Je devins, en raison de mon dévouement et de ma sociabilité, l'ami de tout le monde. Je fus rapidement promu et, dans cette lancée, mon salaire et mon investissement en tant que praticien privé augmentèrent prodigieusement. Tout cela advint en l'espace d'une journée grâce à un travail acharné, un effort sans relâche, une foi infaillible dans les principes de la bonté et de la vertu et à travers leur application pratique dans ma vie quotidienne.

Ma carrière en Malaisie fut également ponctuée par la rédaction de nombreux articles ayant pour thème la santé publique et qui firent l'objet de publications dans le *Malaya Tribune* à Singapour.

Servir l'humanité : premières leçons

Je me spécialisais dans l'étude microscopique et la médecine tropicale ; cela me conduit, par la suite, à m'établir durant trois ans non loin de Singapour, à Johor Bahru, pour y rejoindre les docteurs Parsons et Green. Les docteurs Parsons, Green, Garlik et Glenny me complimentaient, car ils voyaient en moi un individu hautement compétent au sein de la profession médicale et admiraient l'agilité, la vivacité et l'efficacité dont je faisais preuve dans l'accomplissement de mon devoir. Je ne faisais jamais payer d'honoraires à mes clients. Mon gain était de les voir heureux une fois libérés de la maladie et de la souffrance. Servir le peuple et partager ce que je possède sont les manifestations de ma nature profonde.

Je réconfortais les gens avec mon esprit et mon humour, et aidais les malades à surmonter leur mal à force d'amour et de paroles encourageantes. Les personnes souffrantes sentaient immédiatement un regain de vitalité, d'espoir, d'esprit, de vigueur et de vitalité à mon contact. Partout, au regard de la guérison miraculeuse de mes patients, les gens déclaraient que j'avais un don particulier, que celui-ci était d'un ordre divin et ils m'acclamaient, voyant en moi un médecin plein de gentillesse et de compassion, un esprit doté de charme et de grandeur. Lorsque j'étais confronté à des patients souffrants de maladies graves, je restais auprès d'eux la nuit. Je comprenais ce que ressentaient les malades et, en les accompagnant, faisais tout mon possible pour les soulager de leurs peines.

C'est ainsi que je devins Membre du *Royal Institute of Public Health* (M.R.I.P.H.), qui lui-même est un Membre de la *Royal Asiatic Society* (M.R.A.S) et devins également un Associé du *Royal Sanitary Institute*

(A.R.San.I.), organismes sanitaires basés à Londres. Durant mon séjour en Malaisie, je fis paraître un certain nombre d'ouvrages médicaux, parmi lesquels *Remèdes domestiques*, *Fruits et santé*, *Les maladies et leurs termes en langue tamoule*, *Pense-bête de l'obstétrique*, *Quatorze conférences à propos de la santé publique*. Je me chargeais également de prodiguer abri, nourriture et vêtements à celles et ceux qui n'avaient pas de travail et, dans un bureau ou un autre, m'efforçais de résoudre leur situation.

J'avais une vision libérale. L'esprit du *sannyasa*[1] était, depuis toujours inscrit en moi. La roublardise, le compromis, et le double-jeu m'étaient totalement inconnus. J'étais par nature très candide, direct, simple et généreux. Dans mon parcours, j'assumais également la formation de jeunes au sein de l'hôpital où j'exerçais et prenais en charge leur intégration au sein de différents centres hospitaliers. Je dépensais toute mon énergie et consacrais tout mon temps, nuit et jour, à soulager les souffrances humaines à travers mon dévouement à l'égard des pauvres et des malades, et ce en faisant toujours preuve de compassion. Œuvrer ainsi de manière désintéressée purifia mon cœur et mon esprit et me conduit sur la voie spirituelle.

Dans ma jeunesse, j'avais un attrait particulier pour l'habillement raffiné, les objets insolites en or, en argent et en bois de santal dont je faisais la collection. De temps à autre, je faisais l'acquisition de différentes sortes d'anneaux et colliers en or et les portais en permanence. Lorsque je pénétrais dans une boutique, je ne perdais jamais mon temps à choisir. Je prenais tout ce que je voyais. L'aubaine et le marchandage ne faisaient pas partie de mes pratiques. Je payais mes achats sans la moindre réserve. Même aujourd'hui, dès lors que j'entre dans la boutique d'un libraire, j'ai l'habitude d'acheter beaucoup de livres que j'ajoute ensuite à la bibliothèque de la Forest University pour que les étudiants de l'ashram les aient à leur disposition.

Je possédais de nombreux chapeaux que je ne portais jamais. Cependant, il m'arrivait d'arborer mon chapeau de feutre et le turban de soie comme un prince rajput. Pendant longtemps, j'ai préparé ma propre cuisine. Le vélo était mon sport de prédilection. Je divertissais et servais mes convives avec beaucoup d'amour et de dévotion. La Malaisie était un pays de tentations, mais je n'y cédai. Je restais aussi pur que le cristal et, quotidiennement,

1 Terme Sanskrit désignant l'abandon, la soumission et la renonciation, soit le renoncement à l'ego.

m'adonnais scrupuleusement au culte, aux prières, et à l'étude des Écritures sacrées. Musicien, je dirigeais l'ensemble Nandan Charitran, jouait de l'harmonium et chantais des bhajans et des kirtans. En Malaisie, déjà, je pratiquais l'éveil par la conscience à travers le *Laya Yoga* et l'élévation spirituelle à travers l'ascèse de la *Syara Sadhana*.

CHAPITRE DEUX
L'appel de l'immortel

Aube d'une vision nouvelle

« N'existe-t-il pas, dans la vie, mission plus haute que celle qui consiste à accomplir des tâches quotidiennes, à boire et à manger ? N'y a-t-il pas de joie éternelle et supérieure que celle que l'on trouve dans ces plaisirs illusoires ? Quelles certitudes avons-nous concernant cette existence ? Que la vie sur cette terre est précaire, avec son lot de maladies, de désarroi, d'inquiétudes, de craintes et de déceptions ! Le monde des noms et des formes est en constante mutation. Le temps est insaisissable. Tous les espoirs et les joies de ce monde se terminent dans la souffrance, le désespoir et la tristesse.»

Telles étaient les pensées qui ne cessaient de traverser mon esprit. La profession de médecin me fournit amplement la preuve des peines de ce monde. Pour un *Vairagi*[1] dont le cœur est empli de compassion, le monde est un endroit plein d'afflictions. L'accumulation de richesses ne peut, à elle seule, être la source d'un bonheur vrai et durable. Grâce à la purification du cœur que j'obtins à travers le service désintéressé, une nouvelle vision s'offrit à moi. J'étais profondément convaincu qu'il devait exister un endroit, une douce demeure de gloire et de pureté immaculées, de splendeur divine, où l'on pouvait, à travers la réalisation de Soi, accéder à la sérénité absolue, à une paix parfaite et à une joie éternelle.

Je me remémorais souvent l'adage shruti selon lequel «le jour où une personne reçoit le *Vairagya*[2], ce jour doit être celui de son renoncement au monde» (*Yadahareva Virajet Tadahareva Pravrajet*). Les paroles suivantes me venaient sans cesse à l'esprit : «Celui qui a entendu les shrutis doit embrasser le *sannyasa*[3] » (*Sravanartham Sannyasam Kuryat*). Les écritures sacrées ont une grande valeur. C'est grâce à elles que j'ai renoncé à une vie de facilité, de luxe et de confort et ai rejoint l'Inde, en quête d'un endroit idéal

---

1. Celui qui est détaché, qui n'a plus de passions, qui a renoncé au monde (matériel).

2. Détachement, absence de passion, renoncement au monde (matériel) ou encore abnégation.

3. «Soumission» ou «abandon» à travers la renonciation qui se traduit par le renoncement au monde matériel à travers l'ascèse.

pour prier, me livrer à la contemplation et à l'étude, ainsi qu'à une forme plus élevée de dévouement universel.

En 1923, je renonçai donc à une vie de facilité et d'argent pour embrasser celle d'un mendiant, d'un authentique chercheur de vérité. J'avais laissé mes possessions en Malaisie chez un ami. Lors d'une visite à l'ashram en 1939, un directeur d'école venant de Malaisie me dit : « M. S. garde toutes vos affaires en l'état, en attendant votre retour ! »

Ma vie de moine errant

De Singapour, je rejoignis Banaras et là-bas, j'eus une vision ou *darshan* du Seigneur Shiva. Puis je poursuivis ma route en direction de Nashik, de Pune et d'autres villes où se trouvent d'éminents centres religieux.

De Pune, je rejoignis Pandarpore, à une distance de cent dix kilomètres. Sur mon chemin, je fis une halte à l'ashram du yogi Narayan Maharaj à Kedgaon où je séjournai durant deux jours. Ensuite, je passai quatre mois à Dhalaj, sur les rives de la rivière Chandrabhaga. Durant ces voyages incessants, j'appris à m'entendre et à m'adapter à tous types d'individus.

J'ai beaucoup appris de la vie des yogis, des mahatmas et des hommes de grandeur. L'esprit de dévouement qui était ancré en moi m'a permis de vivre sereinement en tout lieu. Durant mon pèlerinage, la vie de mendicité m'a aidé, en grande partie, à développer un sens de la patience et du pardon (*Titiksha*) mais aussi de l'égalité, et m'a permis d'acquérir un équilibre spirituel que ce soit dans le plaisir ou dans la souffrance. Mes rencontres avec de nombreux mahatmas m'ont appris de magnifiques leçons. Je devais parfois parcourir de longues distances en marchant sans rien avoir à manger ; mais, en gardant le sourire, j'ai pu surmonter toutes les épreuves.

Ce que le pèlerinage peut apporter

Le pèlerinage et la visite de lieux sacrés par les Mahatmas et les fidèles font partie intégrante de la sadhana spirituelle. Ces voyages servent différents objectifs. Dans un premier temps, les mahatmas viennent à la rencontre d'adeptes sincères dispersés dans divers lieux de culte et leur transmettent leur savoir, leurs expériences et deviennent leurs guides spirituels. Ils choisissent ensuite des lieux propices à la méditation pour y trouver l'inspiration et l'environnement idéal pour une sadhana intensive. Ils rassurent les maîtres des lieux perplexes, les bénissent et les guident également. Les adeptes qui commencent à se consacrer au pèlerinage reçoivent le darshan ou la vision des mahatmas et ne doutent plus. Ils reçoivent l'inspiration à travers la vision d'hommes saints et de lieux sacrés et développent différentes sortes de qualités divines en se mêlant à des populations diverses. Leur éducation spirituelle les forme à adopter une vie simple et à endurer les épreuves difficiles.

Certains d'entre eux passent toute leur vie en pèlerinage en voyageant de Kataragama (à Ceylan) au mont Kailash (au Tibet), de Purî à Dwarka (dans le Cachemire) à Allahabad, de Bénarès à Rameswaram. J'ai vu de nombreuses personnes qui, dans leur vieil âge, avaient des regrets et pensaient avoir gâché leur jeunesse en adoptant une vie de pérégrination. J'ai, pour ma part, fait l'expérience de vivre une vie de moine errant, mais pour une courte durée seulement ; le temps de trouver mon guide spirituel (*Gourou*) ainsi qu'un lieu de recueillement propice et chargé de vibrations spirituelles qui me permette de pratiquer une sadhana rigoureuse.

De la nécessité d'un Gourou

Le chemin spirituel est semé d'embûches. Le Gourou guide prudemment les aspirants et élimine toutes sortes de difficultés susceptibles de les entraver. Il inspire les initiés et leur donne, à travers ses bénédictions, des pouvoirs spirituels. Gourou, Ishvara[1], Vérité et Mantra ne font qu'un. Il n'existe pas d'autre alternative que celle de l'échange personnel et du dévouement à l'égard d'un Gourou, pour surmonter les *Samskaras*[2] ou les tendances comportementales, les inclinations personnelles matérialistes et vicieuses de la nature passionnée d'individus dotés d'un esprit brut, incapable de se départir de la matière.

Dans ma quête d'un maître spirituelle, j'atteignis Rishikesh et priai le Seigneur pour Sa grâce. De nombreux initiés, égoïstement, déclarent : « Je n'ai pas besoin de Maître. Dieu seul est mon Maître. ». Ils enfilent de nouveaux vêtements et décident de vivre en toute indépendance. Mais quand il leur arrive, toutefois, de devoir faire face à de réelles difficultés, ils ne savent

---

1. Maître suprême
2. Les impressions à la suite d'une action, les tendances résiduelles subconscientes.

plus comment faire. Or, il ne me plaît pas que l'on désobéisse aux sages et aux saints en transgressant les lois et les règles contenues dans les Écritures sacrées. Lorsqu'un changement de cœur survient, il doit être automatiquement accompagné d'un changement sur le plan superficiel également.

Il est difficile pour le faible et le timoré d'imaginer la gloire et la liberté d'un sannyasin. Le 1er juin 1924, j'ai reçu l'Initiation Sainte sur la rive du Gange des mains sacrées de Paramahamsa Viswananda Saraswati. Ensuite, mon précepteur spirituel, Sri Swami Vishunudevanandaji Maharaj, accomplit pour moi le rite du feu sacrificiel (*Viraja Homa*) à l'ashram de Kailash.

Il est indispensable, au départ, d'être initié par un Gourou personnel. Lui seul peut vous montrer quelle voie emprunter pour atteindre Dieu, qui est le Maître suprême de tous les Gourous, et vous aider à éviter les pièges et les dangers qui se présentent sur votre chemin. La réalisation de Soi est une expérience transcendantale qui ne peut s'accomplir qu'à l'unique condition de faire preuve d'une foi tacite dans les paroles des sages qui ont accédé à la vérité (*Apta Vakya*) et atteint la connaissance de l'Âme.

Le disciple a besoin de la grâce du Maître. Cela ne signifie pas que le disciple doit s'asseoir sans rien faire en attendant qu'un miracle se produise et le propulse directement à l'étape de la réalité ultime ou « *Samadhi*[1] ». Le Gourou ne peut en aucun cas accomplir la sadhana pour son initié. Il est idiot de s'attendre à ce que l'épanouissement spirituel se produise à partir d'une goutte d'eau contenue dans la cruche (*kamandalu*) du Gourou. Ce dernier peut guider l'initié, dissiper ses doutes, montrer le chemin, éliminer les pièges, les dangers et les obstacles de celui-ci, illuminer son parcours, mais c'est à l'initié de franchir chacune des étapes qui jalonnent le chemin spirituel.

La progression spirituelle requiert une croyance profonde et indéfectible dans les enseignements du Gourou et des *sastras* ou préceptes qu'ils renferment ; pour y parvenir, il faut faire preuve d'un renoncement (*vairgagya*) fervent et durable, d'un grand désir de libération, d'une volonté inflexible, d'une énergie ardente, d'une détermination de fer, d'une patience imperturbable, d'une ténacité têtue, d'une régularité mécanique, et d'une simplicité enfantine.

---

1. Union, totalité, accomplissement, achèvement, mise en ordre, concentration totale de l'esprit, contemplation, absorption, extase, enstase.

Si vous n'avez pas de Maître spirituel, faites de Seigneur Krishna, de Seigneur Shiva, de Rama ou du Christ votre Gourou en L'implorant, en Le mettant au centre de vos méditations, en chantant à la gloire de Son nom. Il vous enverra alors un Gourou qui sera à la hauteur de vos attentes.

La fin de mon périple

J'arrivai à Rishikesh en juin 1924 et en fis mon point d'ancrage. Mon Maître Gourou m'offrit son initiation et me donna suffisamment de force spirituelle et de bénédictions. Voilà tout ce que les Gourous peuvent faire. C'est ensuite à l'initié d'entreprendre une sadhana intensive et rigoureuse.

Rishikesh est une gare ferroviaire qui se trouve dans le district de Dehradun de l'état d'Uttar Pradesh, dans l'Himalaya. Cet endroit est considéré comme un lieu saint par de nombreux mahatmas. Tous les aspirants, ainsi que les yogis et les sâdhus[1] ont accès à de la nourriture gratuite au sein des différents hospices (*kshetras*) prévus à cet effet. Ils peuvent séjourner dans n'importe quel sanctuaire religieux (*dharmasala* ou *kutia*) ou disposer, en tout lieu, de leur propre hutte ou chaumière. Les environs de Rishikesh regorgent de coins charmants comme les forêts de Brahmapuri, Nilakantha, Vasishtha Guha, ou encore Tapovanam. Les sâdhus[2] qui séjournent dans ces endroits reçoivent leurs rations de denrées sèches une fois tous les quinze jours et préparent leur propre nourriture.

Le décor de l'Himalaya est superbe et idéal pour permettre l'élévation de l'âme. Le Gange sacré qui coule au pied de ses montagnes est une bénédiction. On peut y passer des heures en contemplation, assis sur un rocher ou un banc de sable en bordure du fleuve. Y sont également mises à disposition des bibliothèques où il est possible de se procurer des ouvrages de yoga ou de philosophie en sanskrit, en anglais et en hindi. Des mahatmas instruits y organisent régulièrement des séminaires et y dispensent des cours particuliers à des initiés méritants. Le climat y est doux, mais assez froid en hiver (entre le mois de novembre et le mois de mars) et un assez chaud en été (entre le mois d'avril et le mois de juin). Des établissements de méde-

---

1. Celui qui a renoncé à la société pour se consacrer à l'objectif de toute vie, selon l'hindouisme, qui est le moksha, la libération de l'illusion (māyā), l'arrêt du cycle des renaissances et la dissolution dans le divin, la fusion avec la conscience cosmique.
2. Hindous qui ont renoncé au monde et suivent une voie de pénitence et de mortification pour atteindre l'illumination.

cine allopathique et ayurvédique y sont implantés pour soigner les malades. Pour toutes ces raisons, Rishikesh m'est apparu comme un endroit idéal pour pratiquer une spiritualité intense sans risque d'interférences et satisfaire ainsi tous ceux qui sont dans une quête authentique de vérité.

CHAPITRE TROIS

Partager le trésor divin (une ébauche)

Des caprices d'ambitions spirituelles

Certains mahatmas consacrent leur vie entière à l'étude des Écritures saintes et tirent une grande satisfaction de débats et de querelles animés sur des points très obscurs et complexes du Yoga et du Vedanta. Certains yogis sont en peine avec les exercices de Hatha Yoga dont ils espèrent qu'ils leur feront acquérir des pouvoirs surnaturels (*siddhis*). Ils se livrent à des pratiques qui sont une torture pour le corps. D'autres sont tentés par le Kundalini Yoga et le Tantra Shastra (ou la mise en pratique des saintes Écritures) pour obtenir des pouvoirs spirituels et accomplir des miracles. Les adeptes consacrent leur temps au *japa*[1] et au *kirtan*[2] et pleurent pendant des heures du fait de leur séparation d'avec le Seigneur. Dans un tel groupe, vous trouverez aussi de jeunes hommes instruits qui passent leur temps à rédiger des cours et des articles passionnants et se préparent à la diffusion de leurs idées à travers le monde. J'ai beaucoup d'amour et de respect pour de tels mahatmas qui consacrent leur vie à une recherche approfondie de sujets divers. Pourtant, parviennent-ils tous à atteindre la perfection ?

Il m'apparut d'abord qu'ils ne bénéficiaient pas d'installations adéquates, de suffisamment de confort et de commodités pour cela. De plus, il leur manquait l'appui d'une personne compétente, de sorte qu'ils ne pouvaient pas se consacrer à leur sadhana de manière ferme et systématique. Leur propension au calcul et à l'intrigue les amenait à changer fréquemment leurs pratiques quotidiennes. Soit ils accordaient trop d'importance à leurs désirs, soit ils méprisaient totalement leur santé. Ils nourrissaient tous de grandes ambitions pour le futur, aspirant à détenir, un jour, des pouvoirs surnaturels, à accomplir des miracles et à être couverts de gloire et renommée. Tout cela ne faisait que grossir leur ego. Une étude approfondie des méthodes employées par les mahatmas m'ouvrit les yeux et me donna la

---

1. Technique d'extase consistant en la répétition mécanique du nom de la Divinité ou d'un mantra, utilisé pour obtenir la concentration dans les exercices de méditation. Ce japa peut être récité à haute voix, chanté ou bien encore muet.
2. Chant à la gloire de Dieu.

force de m'en tenir à une sadhana rigoureuse et vertueuse. Je sentais, chaque jour, la grâce du Seigneur m'accompagner et puisais de l'intérieur aussi bien ma force que l'orientation à suivre. C'est ainsi que je compris comment faire en sorte de déployer mon potentiel de manière harmonieuse. Je savais que mon but était d'atteindre la réalisation de Soi et étais déterminé pour cela à consacrer tout mon temps et toute mon énergie à l'étude, au dévouement et à la sadhana.

Comment je suis parvenu à synthétiser ma sadhana

Faire preuve de dévouement à l'égard des pauvres, des malades et des mahatmas purifie le cœur et permet de développer les qualités divines que sont la compassion, la compréhension de l'autre, la clémence et la générosité tout en détruisant les impuretés et mauvaises inclinations de l'esprit telles que l'égoïsme, l'individualisme, la fierté, la haine, la colère, la lubricité, la jalousie, etc. Les mahatmas et les villageois pauvres qui étaient souffrants n'avaient pas accès à des soins médicaux appropriés et des milliers de pèlerins en partance pour Badrinath ou Kedarnath avaient également besoin d'une assistance médicale. C'est pour ces raisons qu'à Lakshman Jhula, sur la route qui mène à Badrikedar, je fis construire un petit dispensaire (*satyasevashram*) où je mis mes talents à contribution auprès des fidèles, en dispensant mes soins avec beaucoup d'amour et de dévotion. Je concevais des régimes adaptés aux personnes souffrant de maladies graves et mettais du lait ainsi que d'autres denrées alimentaires à disposition des patients. L'évolution spirituelle progresse plus rapidement si le service se fait avec une dévotion *(bhav)* sincère et une attitude appropriée.

Pour maintenir une forme exemplaire, je pratiquais les exercices corporels de yoga ou *asanas* liés à une posture statique (il s'agit généralement de la position assise), les *pranayamas* qui se rapportent à la discipline du souffle, ou encore les *mudras* (gestuelle des mains) et les *bandhas* (régulation et maîtrise de l'énergie du corps). J'effectuais de longues marches dans la fraîcheur vivifiante du soir. Je combinais certains exercices physiques et m'appliquais à vivre simplement, à mener une réflexion d'ordre supérieur, à avoir une alimentation légère, à m'investir dans des études approfondies, ainsi que dans la pratique d'une méditation silencieuse et de la prière. Cette vie d'isolement et la pratique du silence *(mauna)* qui l'accompagnait me convenaient parfaitement. Je n'aimais pas les discussions futiles et, à cet égard, ne recherchais aucunement la compagnie des autres. Je me procurais des livres à la bibliothèque de l'ashram Ram de Muni Ki Reti et consacrais, tous les jours, du temps à l'étude. J'avais toujours un dictionnaire à portée de main dans lequel je recherchais systématiquement la signification des mots difficiles. Le repos et la relaxation me donnaient assez de force pour m'investir dans une sadhana intense. Je me rapprochais de certains mahatmas, mais refusais de prendre part aux différents débats et aux discussions qui se tenaient entre eux. L'introspection et l'auto-analyse étaient, au demeurant, mes seuls guides.

Avec pour objectif de consacrer plus de temps à la prière et à la méditation, je m'installai au Swargashram de Rishikesh. Je vivais dans un modeste *kutir* de 2,5 mètres sur 3 mètres, qui comprenait une petite véranda au-devant, et, pour me nourrir, dépendais de l'hospitalité de la maison d'hôtes de Kali Kambliwala Kshetra. Le numéro 111 est maintenant attribué à cette hutte qui bénéficie, par ailleurs, d'une extension de plusieurs pièces. Ma sadhana et mon dévouement envers les personnes malades qui vivaient là se poursuivaient. Une heure par jour, j'allais de kutir en kutir pour veiller sur les mahatmas souffrants, m'assurer de leur bien-être et leur fournir ce dont ils avaient besoin. Je consacrais beaucoup de temps à la méditation et m'adonnais, durant ma sadhana, à une pratique du yoga variée. J'ai, plus tard, consigné chacune de ces expériences dans de nombreux ouvrages afin que les aspirants puissent bénéficier de leurs enseignements. Rapidement, je me mis à diffuser ma pensée et mes expériences autour de moi afin de contribuer à soulager le monde et les chercheurs de vérité en difficulté. De fait, même les grands mahatmas n'avaient pas pour habitude de garder secret leur savoir précieux ou de n'en réserver le partage qu'à une minorité choisie.

La vie à Swargashram

Je consacrais peu de temps à mon hygiène dentaire ou corporelle ainsi qu'au lavage de mes vêtements. J'effectuais ces tâches rapidement lorsque j'avais un peu de temps libre en dehors de ma sadhana, de l'étude et du service à autrui. Je ne dépendais de personne bien que certains disciples se tinssent toujours prêts à me servir. Chacune des tâches liées à ma sadhana, qu'il s'agisse de l'étude, de la prise de notes liée à mes activités, de la rédaction de lettres adressées aux *sadhakas*[1], des exercices corporels et spirituels, de la

---

1..Les chercheurs de vérité.

mendicité pour obtenir de la nourriture (*bhiksha*), s'effectuait à une heure et pendant une durée précises. Petit à petit, les gens venaient à moi en grand nombre, ce qui affectait mon travail dans sa démarche systématique. C'est pourquoi, après avoir demandé la permission auprès de mes hôtes, j'installai une clôture de fils barbelés autour de mon kutir que je fermai à clé.

Je n'étalai pas mon érudition auprès des visiteurs qui venaient me voir en discutant longuement de hautes idées philosophiques. Je me contentais de donner à chacun quelques conseils succincts se rapportant à la pratique de la sadhana et faisais en sorte que l'entretien ne dure pas plus de cinq minutes. J'avais installé un panneau à l'entrée de mon campement qui indiquait : « ENTRETIEN INDIVIDUEL entre 16 h et 17 h : 5 minutes par personne. » Durant l'hiver, les adeptes étaient moins nombreux ; j'en profitais alors pour effectuer une marche vivifiante, en chantant des chansons et des louanges au Seigneur (*bhajans*). Il m'arrivait de ne pas quitter ma hutte pendant plusieurs jours. Je me nourrissais alors de pain sec et des restes que j'avais récoltés en demandant l'aumône. Je m'employais à atteindre mon objectif : pratiquer une sadhana intensive et absolue.

Je ressentais une joie indescriptible lorsque je passais des heures, le soir, assis sur les rives du Gange ou sur un beau rocher, à contempler le superbe spectacle de la nature. Alors, Elle et moi ne faisions qu'un. C'est à cette période que, en vue de venir en aide aux mahatmas qui avaient subi des torts, je fondai l'ermitage Swargashram Sâdhu Sangha que j'établis comme institution. Les grands mahatmas y étaient conviés et, durant un temps, ce fut un lieu d'échanges hebdomadaires sur des thèmes variés ainsi qu'un havre de recueillement divin où se tenait, quotidiennement, des sessions de *bhajans* et de narrations de textes sacrés (*ramayana katha*). Pendant quelques mois, nos discussions portèrent sur les textes du *Yoga Vasishtha*, sur l'Histoire de Ram (*Ramayana*) selon la version du poète Tulsidas (16e siècle) ainsi que sur les Upanishads. À travers l'institution, je m'employai également à former les initiés au travail organisationnel au sein de la communauté.

Réalisation du secours divin

En 1925, j'effectuai un séjour dans l'état de Sherkot, à Dhampur, dans le district de Bijnor. La Duchesse (*Rani*) de Sherkot, Srimati Phulkumaru Devi, m'y fit un accueil amical. Durant plusieurs jours, j'y dirigeai des sessions de bhajans et fournis des soins aux villageois. La souveraine (*Mahrani*) de Mandi, Sri Lalita Kumari Devi, assistait également au bhajan. Chaque fois que nous nous rencontrions, et ce même après plusieurs années, elle disait : « J'ai toujours en mémoire vos chants exaltants et mélodieux. Ils résonnent toujours dans mon esprit et je peux désormais ressentir leur influence. Ces chants m'ont bercée et ont élevé mon âme. »

De Sherkot, je regagnai Rishikesk à pied après avoir visité les villages sur mon chemin. J'ai, durant cette période, tenu de nombreux discours ayant trait au yoga et dirigé des sessions de chant dévotionnel (kirtan et bhajan) avec les groupes de fidèles rencontrés en chemin. Mes voyages occasionnels m'ont permis de développer pleinement les qualités divines qui sont essentielles pour servir l'humanité sur une grande échelle. Durant ma vie de moine errant (parivrajaka), je me suis rendu à Rameswaram et ai visité de nombreux lieux sacrés de l'Inde du sud. J'ai fait escale quelque temps à l'ashram de Sri Ramana en compagnie de Sri Chand Narain Harkuli-qui qui exerçait alors comme avocat à Sitapur. Je me suis également rendu dans la ville de Purî où j'ai vénéré le Seigneur Jagannātha et pris des bains de mer à Vizag. À Rameswram, je me suis prosterné devant le Seigneur Ramalinga. J'ai rejoint mon ashram le jour de la célébration de l'anniversaire de Sri Ramana, chanté des bhajans et des kirtans dans le grand hall devant Sri Bhagavan Ramana et les fidèles, me suis promené sur la colline d'Arunachala et ai vénéré les lingam de feu (tejas linga) qui sont la manifestation du Seigneur Shiva.

Lorsque venait l'opportunité de servir le peuple sur une grande échelle ou lorsque les gens me demandaient de présider les conférences spirituelles, j'effectuais la visite de nombreux centres à Bihar, Punjab et dans l'état de l'Uttar Pradesh. J'instaurais des centres dynamiques de pratique de la sadhana, organisais des conférences spirituelles, des réunions de chant (*kirtan sammelans*) et m'investissais dans diverses activités au sein de nombreuses institutions éducatives, religieuses et spirituelles. Même lors de mes voyages en train, j'apprenais des exercices de yoga aux passagers et leur donnais des leçons simples de méditation et de *japa*. J'avais toujours avec moi une mallette médicale et prodiguai des soins aux malades que je croisais sur mon chemin.

Les étapes importantes qui jalonnèrent mes différentes visites furent

Lahore, Meerut, Srinagar (dans le Cachemire), Patna, Munger, Lucknow, Gaya, Calcutta, Ayodhya, Lakhimpur-Kheri, Bhagalpur, Ambala, Aligarh, Sitapur, Bulandshaher, Delhi, Shikohabab, Nimsar, Mathura, Brindavan, Etawah, Mainpuri et de nombreuses autres villes du nord de l'Inde. Dans la province d'Andhra, je me suis rendu au Shanti ahram de Totapalli Hills, ai assisté à la Mission de la Paix à Vizag et ai également fait escale à Rajahmundry, à Kākināda, à Pithapuram ainsi qu'au village de Lakshmi Narasapuram.

Lorsque je partais en voyage, j'emportais un sac contenant mon encrier, mes stylets, mes crayons, mes épingles, mes livres de référence, c'est-à-dire le Viveka Chudamani, les Upanishads, la Bhagavad-Gita et le Brahma Sutra. Les timbres postaux m'étaient quant à eux indispensables pour assurer la correspondance la plus urgente. Je me rendais à la gare deux heures avant le départ du train et, au lieu faire les cent pas et de regarder çà et là, je m'asseyais sous un arbre et me livrais à mes travaux d'écriture. Je n'avais jamais de carnet d'adresses ; ainsi, la perspective de rejoindre des fidèles ou des amis en quelque centre important pour y recevoir le gîte et le couvert ou quelque aide financière ne m'effleurait même pas. Je terminais rapidement le travail pour lequel j'avais effectué ce voyage et retournais à Rishikesh dès que j'en avais la possibilité.

C'est ainsi que j'ai visité Kedarnath et Badrinath, Tunganath et Triyuginath. Swami Balananda et Swami Vidyasagar furent mes compagnons de voyage. Je me suis baigné dans les sources d'eau chaude de Badri Narayan, et me suis adonné au kirtan, au bhajan et au japa mental.

De Calcutta, j'ai pris le navire à vapeur et rejoint Ganga Sagar où confluent le Gange et le golfe du Bengale, en compagnie de Sa Majesté Maharani Surat Kumari Devi. Ganga Sagar est le lieu sacré d'un petit temple dédié au sage Kapila Muni. Là, j'ai profité de la mer, me suis rendu à une foire locale (*mela*) et ai apporté mon soutien à des pèlerins en quête d'ascension spirituelle.

L'appel du Mont Kailash

Au cours des premières années de ma sadhana à Rishikesh, j'ai pris la décision de me rendre à Kailash. Le Mont Kailash se trouve dans l'ouest du Tibet. Le 12 juin 1931, je suis parti en pèlerinage vers ce lieu sacré accompagné de Sa Sainteté Sri Swami Adwaitanandaji, du Maharaj Sri Swami Swayam Jyoti, de Sri Brahmachari Yogananda, de Sa Majesté Mahrani Sahiba Surat Kumari Devi de l'état de Singhahi et de Sri Kedarnath, son assistante. Nous nous sommes tous baignés dans le lac Manasarovar et avons entamé notre route vers le mont. J'ai effectué le trajet en marchant jusqu'au bout. Je ne pense pas qu'il existe sur cette belle planète d'endroit plus majestueux que Kailash avec la beauté de ses neiges éternelles. De toutes les processions (*yatras*), celui du Mont Kailash—aussi connu sous le nom de Mont Meru qui est considéré comme l'axe du monde—est le plus périlleux. J'effectuai ce voyage au même moment où Sa Majesté le Maharajah Saheb de Mysore était également en visite à Kailash. Il est le seul Maharajah en Inde à avoir visité ce mont sacré. La distance totale qui sépare Almora de Kailash est de 370 kilomètres. Le pèlerinage peut tout à fait se faire en deux mois; aussi, le 22 août, nous étions de retour à Almora.

Dissémination en masse du savoir spirituel

Le 9 septembre 1950, je commençai une mission active de dissémination du savoir en effectuant, pendant deux mois, un grand voyage à travers l'Inde et l'île de Ceylan. Je retournai à Rishikesh le 7 novembre 1950. Je fus ensuite amené à côtoyer, dans tout le pays, des milliers d'aspirants sincères à la vie spirituelle. Je me réjouis de tout cœur que le Seigneur m'ait donné une opportunité de Le servir et de servir Ses enfants en entreprenant ce grand voyage. Je me souviens avec grand bonheur de la profonde dévotion des Indiens et des Ceylanais[1], de leur immense respect de l'ordre du *sannyasa* et de leur intense désir d'acquérir le savoir lié au Yoga et à la philosophie du Vedanta.

Je me suis rendu dans toutes les villes et les villages importants du territoire indien où j'ai tenu des conférences publiques et dirigé des sessions de kirtans. J'ai également prononcé des discours portant sur la culture éthique et l'éducation dans de nombreux établissements scolaires et d'enseignement supérieur et ai organisé de nombreuses réunions publiques pour discuter de thèmes spirituels. Durant ce voyage historique, des centaines de livres très onéreux ont été distribués gratuitement et mis à disposition de la population.

---

1. Habitants du Ceylan, aujourd'hui le Sri Lanka.

Sans déroger à mon habitude, les discours que je donnais à de telles occasions et qui portaient sur le yoga, la bhakti[1] ou le vedanta étaient brefs et simples. Mes kirtans et mes chants étaient toujours accompagnés de leçons pratiques sur la sadhana. Tout cela produisait un merveilleux effet sur le public. Parfois, la joie que je ressentais en compagnie des fidèles était telle que je combinais la danse à ces différentes activités, en particulier la danse à la gloire de Seigneur Shiva et de Seigneur Krishna (*nritya*). Les gens étaient dans l'exaltation la plus totale. Aujourd'hui encore, des milliers de personnes chantent mes kirtans préférés, « Agada Bhum », « Chidananda-hum », « Pilade » et tant d'autres. Dans de nombreux centres, j'ai vu des adeptes se tenir debout et danser pendant des heures sans s'arrêter, gagnés par un état de transe divine.

Où que j'aille, j'étais bouleversé par l'amour que les gens me transmettaient. Dans chaque centre, j'étais accueilli chaleureusement, avec amitié et dévotion. Je nageais avec joie dans cet océan d'adoration divine qui émanait de ces populations. Encore et encore, je buvais l'élixir immortel du Seigneur en son nom, que tous les gens chantaient avec ferveur, amour et dévotion (*bhava*).

Le dévouement me rend heureux. Vivre, ne serait-ce qu'une seconde, sans faire preuve de dévouement, m'est impossible. Ce voyage en Inde fut des plus fertiles. Pendant deux mois, je travaillai sans relâche. Je me sentais souvent restreint dans ma démarche de travail intensif par les contraintes logistiques liées au transport en avion, en train, en voiture ou en bateau qui m'imposaient de respecter des horaires précis. Je devais remplir un certain nombre de fonctions tout en gardant, en permanence, « un œil » sur l'heure et n'avais pas assez de temps pour me consacrer aux besoins des fidèles.

Lorsque j'étais à Bombay, sur le chemin du retour, j'aurais souhaité me débarrasser de la voiture de touristes à Delhi et continuer ma visite de province en province, en faisant du porte-à-porte de ville en ville et de village en village, en chantant des kirtans et des bhajans et en répétant le mantra « *mahām-tyuñjaya* » pour apporter longue vie et bonne santé aux fidèles. Je voulais transmettre le Message de la Vie Divine à chaque aspirant, individuellement.

---

1 Dévotion

Les conférences spirituelles

Malgré ma prédilection pour la méditation profonde et l'isolement pendant mon séjour à Swargasharam, j'organisais périodiquement des *satsangs* durant les heures du soir où j'invitais les mahatmas et les brahmacharis à se réunir. Un mahatma punjabi y dispensait des cours sur le Yoga-Vasishta et sur le *Ramayan* de Tulsidas je concluais notre réunion par des chants bhajan et kirtan. Je me rendais, de temps à autre, à Sītāpur, Lakhimpur Kheri, Meerut et d'autres villes de l'Uttar Pradesh et du Punjab. Le soir, je dirigeais des sessions de kirtans et me rendais dans tous les lycées et facultés des environs pour y donner des cours, faire des démonstrations d'exercices de yoga et pour y distribuer des brochures portant sur les vingt enseignements spirituels indispensables et l'importance du célibat ou *brahmacharyia*. J'inaugurais l'aube, à 4 h du matin, par des prières simples et de la méditation silencieuse et astreignais tous les fidèles à se joindre à la sadhana collective.

Je demandais aux gens d'observer scrupuleusement l'écriture des mantras (*likhita-japa*). C'est ainsi que, durant cette période, j'ai vu de nombreux fidèles s'asseoir lors des réunions publiques et se tenir là, sans bouger, pour écrire les mantras et observer la pratique du silence (*mauna*). Je récompensais ceux qui avaient rédigé le plus grand nombre de mantras lisiblement avec des cadeaux. Pour encourager tous les adeptes présents, y compris ceux qui avaient échoué à leurs exercices, je distribuais à chacun des livres spirituels. Les fidèles amenaient toujours beaucoup de fruits que nous distribuions aux membres du public. Je concluais ce rituel par le *prasad*, en mangeant un petit morceau de fruit qui m'était présenté comme offrande.

Les cours à travers l'Inde

Immanquablement, les organisateurs ébauchaient un programme qui devait s'étaler sur une semaine ou deux. Le kirtan continu (*akanda kirtan*) pouvait durer deux ou trois jours. Pour m'assister dans certains endroits éloignés, j'emmenais avec moi deux de mes étudiants, Sri Swami Svarupananda et Sri Swami Atmananda. Le premier traduisait avec agilité et talent mes discours en l'hindi et le second dirigeait de mélodieuses sessions de bhajans et de kirtans.

En 1933, je me lançai dans ce voyage de propagande à travers Lakhimpur Kheri, Meerut et Hardoi. Chaque année qui suivit, je passai une ou deux semaines dans les états du Punjab et du Bihar. Durant ces voyages, je demandais à mes initiés de Swargashram et au receveur des Postes de Rishikesh de ne pas faire transférer le courrier qui m'était adressé ; uniquement dévoué à la diffusion du savoir, je ne pouvais pas accorder de temps à ma correspondance.

À Rishikesk, mon alimentation consistait essentiellement de pain sec (*rottis*) ; cependant, durant ces périodes, afin de pouvoir maintenir l'intensité de mon effort aussi bien la nuit que le jour, je ressentais souvent le besoin de me nourrir de fruits et d'aliments à haute teneur énergétique. J'avais ainsi l'habitude de garder des bouts de pain et de biscuits dans mes poches, car dans certains endroits, mon activité ne m'accordait pas de temps pour manger ou me reposer. Je ne sollicitais jamais l'aide des organisateurs pour mes dépenses, mais leur demandais, en revanche, d'imprimer en grand nombre des copies de brochures et de tracts dans différentes langues pour assurer une circulation massive des informations pendant les conférences religieuses (*sammelans*).

Les initiés qui m'accompagnaient durant ces voyages s'exclamaient toujours : « Quelle joie de voyager avec notre Prince Gourou pour toute la merveilleuse attention qu'il accorde à chacun ! » En effet, je partageais avec eux tout ce que je possédais, prenais grand soin de leur santé, et assurais leur renommée et leur popularité. Il m'arrivait d'écrire aux organisateurs et de leur demander de garder suffisamment de réserves de fruits et de biscuits dans ma chambre, car cette nourriture constituait mon *Saguna Brahman*, c'est-à-dire L'Être à la source de mon œuvre. Il était en effet essentiel, afin de fournir un travail solide et substantiel, que tous ceux impliqués dans cette œuvre de propagation du savoir puisent suffisamment d'énergie de leur alimentation.

Lors de ma visite à Sītāpur en 1934, je fus à l'initiative d'une campagne en faveur de l'assistance médicale et, pendant mon voyage, me rendis dans de nombreux villages des districts de l'état d'Andhra Pradesh pour distribuer des médicaments aux personnes vivant dans la pauvreté. J'étais alors accompagné de Sri Swami Omkarki et de Sœur Sushila, aussi connue sous le nom d'Ellan St Clair Nowald.

Une inspiration indéfectible

Durant ces périodes de travail intensif, je parvenais à me détendre grâce à la pratique du *japa*, de la méditation, d'exercices de respiration profonde, du *bhastrika pranayama* et du *kirtan*; j'ai également supervisé des processions religieuses et chantées (*nagar kirtans* et *prabhat pheri*) dans de nombreuses villes. Où que j'allasse, la ville tout entière était chargée de vibrations spirituelles. Pendant des jours et des jours, les gens ressentaient l'effet produit par cette paix et ce pouvoir merveilleux. Même après plusieurs années, je recevais des fidèles qui m'écrivaient ces paroles chaleureuses : « Cher Swamiji, encore aujourd'hui le chant de ton Om et de tes maha-mantras kirtans résonne en nous. » Les travailleurs des champs font encore retentir la mélodie (*dvhani*) des paroles de mes kirtans, « Om Namah Sivaya, Chidananda-hum, et Sita Ram Sita Ram ». Dans toutes les écoles et les facultés, les étudiants chantent mon kirtan préféré : « Govinda, Govinda, ne te consume pas, Govinda. ». Ce grand voyage eut un impact merveilleux dont l'effet se ressent encore.

Mais le travail au sein de l'ashram était d'une grande ampleur ; c'est pourquoi, en 1938, je décidai d'abandonner la vie de missionnaire voyageur. J'envoyai alors certains de mes initiés pour participer aux conférences spirituelles qui se tenaient dans les endroits reculés. Des habitants du Punjab allèrent même jusqu'à manifester devant mon kutir afin que je me rende à Lahore et participe à la procession annuelle de décembre (sankirtana).

Transformation active au sein des populations

Certaines lettres produites entre 1933 et 1936, dont sont reproduits ci-dessous quelques extraits, donnent une idée du travail accompli pendant mes voyages :

I.   « Lorsque je voyage, toute mon énergie est dépensée en l'espace d'une semaine. Me voilà aujourd'hui bien fatigué. Pourtant des gens me contactent et me demandent de venir leur rendre visite à Meerut. C'est là toute Sa Grâce. Que Sa Volonté soit faite. Ne faites pas parvenir de lettres aux campements où je me trouve, cela risque d'interférer avec mon travail ici et je ne peux le permettre. Hommes et femmes m'accaparent en tous lieux. Rien n'est immuable. Il se peut que je retourne à Rishikesh dans deux ou trois semaines. »

II.   « Le jour, je consacre tout mon temps à donner des conférences qui subjuguent le public et, le soir, à chanter des kirtans. J'insuffle joie et force aux fidèles. Je rugis comme un lion. Les gens ne me quittent pas, ne serait-ce qu'une seconde. Sītāpur et Lakhimpur Kheri sont aujourd'hui de véritables paradis sur terre (*vaikuntha*). J'ai exécuté un virat kirtan qui a rassemblé 3000 personnes, quelque chose que la ville de Lakhimpur n'avait jamais vu arriver auparavant. Aujourd'hui, je vais m'adonner au chant kirtan avec des intouchables (*harijans*). Le mouvement kirtan peut révolutionner l'Inde. Notre pays en a besoin. Une grande renaissance est en train de se produire.»

III.   «Dites aux organisateurs que je ne suis pas entièrement satisfait de leur travail. Il est d'une nécessité primordiale d'exécuter un *akhanda kirtan* durant trois jours consécutifs et sur une estrade séparée. C'est la seule partie du travail qui soit réellement tangible et substantielle et qui produit un effet immédiat sur la foule. Il est aussi très important de chanter à la gloire du Seigneur (*sankirtan*) dans des lieux différents afin d'exalter et de galvaniser l'atmosphère. Il est primordial de mener ces deux actions à bien pour propager la paix dans le monde. Les émeutes locales et la section 144 du code de procédure pénale ne sont rien devant Rama Le Dieu Suprême. Ne craignez donc pas le couvre-feu.»

Les différentes sortes de kirtans

Même aujourd'hui, je revois très nettement dans mon esprit ces milliers de personnes se lever et se mettre à danser alors que je chante les kirtans célébrant la bonne santé (*agadha-bum kirtans*). Après chaque bhajan et kirtan, je dispensais d'importantes leçons sur la sadhana. A Bihar, je conduisais un camion avec lequel, accompagné d'un groupe de fidèles, je me déplaçais dans différents endroits pour chanter des kirtans. J'ai même eu plusieurs fois l'occasion, à Rishikesh, d'exécuter des kirtans sur des bateaux.

Il était aussi très intéressant d'organiser des kirtans groupés. Pour cela, il me vint un jour l'idée d'inviter les membres du gouvernement qui se trouvaient dans le public à monter sur l'estrade et à chanter le kirtan. Puis, j'encourageai ensuite tous les professeurs de faculté, les médecins, les étudiants, les dames et les jeunes filles à leur emboîter le pas. Cela généra un enthousiasme immense ; c'était la première fois qu'une telle chose se produisait. Ils hésitèrent d'abord tous un instant, par timidité, mais très vite, ils sentirent le bien que cela leur procurait et devinrent tous des chanteurs de kirtan avertis, allant même jusqu'à fonder des associations de kirtan dans plusieurs villes.

CHAPITRE QUATRE
La Mission Divine

Première étape

La formation des initiés

J'ai toujours aimé pratiquer la sadhana dans le silence et l'isolement. J'avais l'habitude, le jour, de consacrer un peu de temps à rédiger des articles ou des lettres aux aspirants en soif d'apprentissage. Je n'utilisais pas de lampe à kérosène et ne travaillais jamais la nuit. Tous les matins, je sortais de mon kutir pendant une heure afin de distribuer des médicaments aux malades, de faire une courte promenade dans l'enceinte du campement, de profiter d'une baignade dans le Gange et me rendre au champ pour me ravitailler en nourriture. De cette sorte de routine, je fis une habitude qui dura les trente-cinq ans de ma vie à Rishikesh. Je ne me laissais jamais aller à des conversations débridées avec mes amis. Lorsque je me rendais au champ, j'observais le silence (*mauna*). J'évitais le contact avec d'autres personnes en prenant un sentier à travers la jungle et, tout en avançant vers le champ, je combinais des exercices de profonde respiration avec la pratique d'un *japa* mental.

Je n'avais aucunement l'ambition d'accéder à une renommée internationale en entreprenant d'interminables voyages ou en m'adressant aux gens à travers des discours percutants, délivrés à partir d'une estrade, comme sur un piédestal. Il ne m'importait pas d'être le Maître à penser de quiconque et il me déplaisait fort que les gens m'appellent « Gourou » ou « Avatar ». Le « culte du Gourou » me laisse froid et représente un obstacle qui a causé la chute de bien des grands hommes sur le chemin spirituel. Le « culte du Gourou » est une vraie menace pour la société ; c'est pourquoi, aujourd'hui encore, je demande aux gens de me saluer (*namaskar*) non pas physiquement en s'inclinant devant moi, mais mentalement. Ces quelques lignes adressées à l'un de mes disciples en 1931 expriment clairement ma position :

« Je ne suis qu'un sâdhu ordinaire ; aussi, je ne garantis pas pouvoir vous être d'une grande aide. De plus, je ne suis pas un 'faiseur de disciples'. En revanche, je vous garantis une amitié sincère jusqu'à la fin de mes jours. Il ne me plaît pas d'avoir des gens à mes côtés durant trop longtemps. Après deux mois d'enseignement, j'incite les initiés à partir méditer dans quelque endroit reculé du Cachemire ou dans la ville très religieuse d'Uttarkashi.»

Humilité et Retenue

Je ne disais ou faisais jamais rien dans le but d'attirer les gens en leur promettant monts et merveilles comme si je pouvais les faire accéder à l'éveil divin (*mukti*) à partir d'une goutte d'eau de mon kamandalou ou à la réalité ultime (*Samadhi*) par un simple contact de la main. J'insistais, en revanche, sur l'importance d'une sadhana silencieuse, du japa et de la méditation pour effectuer une progression constante dans la voie spirituelle. Enfin, j'incitais toujours les aspirants à purifier leur cœur à travers un service désintéressé.

En 1933, des éditeurs à Madras publièrent des articles sur mon parcours en m'identifiant à un « avatar » ou une incarnation divine. Ce à quoi je répondis immédiatement en expliquant la position que je maintiens jusqu'à ce jour :

« Je vous prie de bien vouloir retirer de vos articles les expressions qui me décrivent comme un 'Krishna Avatara' ou encore un 'Bhagawan[1]'. Observez le naturel et la simplicité au sein de vos publications ; cela attirera davantage vos lecteurs. N'exagérez pas trop les choses à mon sujet, sinon la sève risque de se tarir. Ne me donnez pas du 'Maître Universel' ou du 'Mandaleshwar[2]'. Laissez la vérité transparaître dans sa nudité, elle n'en brillera que davantage. Ma vie est faite de simplicité et de naturel. J'ai une joie immense à servir autrui. Le dévouement a été la source de mon élévation et de ma purification. Ce corps est là pour servir. Je ne vis que pour être au service de chacun et apporter du bonheur et de la joie dans ce monde.»

Je révère tous les êtres, y compris les ânes et les autres animaux. Avec mes disciples et mes fidèles, je procède toujours d'abord par une salutation du divin en eux (*Namaskara*) car je discerne toujours l'Essence derrière le nom et l'apparence d'un individu. Voici comment le vrai Vedanta se manifeste dans la vie quotidienne.

---

1. Terme synonyme de Dieu qui signifie «bienheureux».
2. Titre honorifique attribué à une personne reconnue par ses pairs comme ayant atteint le plus haut niveau d'autorité spirituelle.

Guider les premiers pas des néophytes

À partir de l'année 1930, de nombreux élèves animés par le désir ardent de se consacrer entièrement à une vie spirituelle vinrent à ma rencontre pour bénéficier de mes conseils. Comme eux, le désir de servir l'humanité me consumait. Il faut savoir qu'à cette époque, les sâdhus et les mahatmas vivaient dans des conditions misérables et étaient dépourvus du confort, des commodités et de l'orientation qui leur étaient nécessaires pour progresser spirituellement. Nombreux étaient ceux qui suppliciaient leur corps en l'exposant soit à un soleil brûlant, soit au froid des montagnes de l'Himalaya. Certains d'entre eux étaient aussi dépendants de boissons supposées déclencher le Samadhi.

En vue d'offrir une formation en bonne et due forme à un groupe de sannyasins et de yogis, je permettais à certains aspirants de s'installer dans les kutirs adjacents au mien. Je m'occupais alors d'assurer moi-même la prise en charge de leurs repas et de leur initiation et faisais de telle sorte qu'ils aient à leur disposition tout le confort et les commodités nécessaires. Je les encourageais et leur transmettais le *vairagya*, ou l'esprit de renoncement et de détachement à l'égard des biens matériels. Je veillais particulièrement sur leur santé, les questionnais régulièrement sur l'avancée de leur sadhana et les guidais de manière utile afin qu'ils éliminent les obstacles et les difficultés susceptibles d'entraver leur méditation. Lorsqu'ils proposaient leurs services, je leur demandais de se rendre dans les kutirs voisins pour rendre visite aux mahatmas souffrants et les servir avec une dévotion (*bhakti*) et une sincérité (*sraddha*) absolues, en leur amenant de la nourriture, en massant leurs jambes et en lavant leurs vêtements.

Je demandais à certains des élèves les plus instruits de copier de courts articles que j'avais rédigés et de les envoyer à des revues et des journaux pour publication et de consacrer le reste de leur temps à l'étude, au japa et à la méditation. Chacun d'entre eux prenait grand plaisir à copier mes articles, car ils contenaient l'essence de tous les enseignements fondamentaux des sages et des saints, ainsi qu'un commentaire limpide portant sur les passages les plus difficiles des Upanishads et de la Bhagavad-Gita. Ces articles étaient également assortis de conseils pratiques afin d'acquérir une meilleure maîtrise du tumulte des sens et les fluctuations de l'esprit.

Au lieu de consacrer des décennies à l'étude des anciens textes sacrés, les élèves pouvaient, en peu de temps, apprendre le yoga et s'instruire en philosophie en passant seulement quelques minutes par jour à effectuer des copies de mes articles. Lorsqu'ils copiaient, j'observais attentivement leurs visages afin de voir s'ils appréciaient leur tâche et sélectionnais le contenu à copier en fonction de leurs préférences et de leur caractère avant de leur confier le travail. Il m'arrivait parfois de devoir accomplir tout leur travail. J'aimais mes élèves. Ainsi, sans qu'ils le sachent, je tenais compte de leurs besoins.

En ce qui concerne les personnes âgées qui n'avaient plus de liens avec le monde autour d'elles, je les accueillais et les encourageais à poursuivre leur sadhana et leur demandais de prendre des bains dans le Gange et de s'adonner à une pratique régulière du japa et de la *sravana*[1]. Je dansais de joie à voir la sérénité et le bonheur qui se lisaient sur leurs visages. Ainsi, de plus en plus d'aspirants venaient à ma rencontre, si bien que Swargashram ne put bientôt plus faire face au nombre toujours croissant de chercheurs de vérité. Aussi, malgré l'amour que je portais à cet endroit et à la quiétude qui y régnait, et dans l'intérêt de l'ascension spirituelle d'un grand nombre de *sadhakas* instruits, je pris la décision de quitter Swargashram.

Seconde étape

Plantation d'un jeune chêne

La machination et le calcul m'étaient totalement étrangers. M'en remettant au Seigneur et de sa grâce, j'avais décidé de quitter Swargashram. Où devais-je aller ? J'étais là face à un vrai dilemme. Je séjournai durant quelques jours à Rama Ashram, dans une petite pièce de la bibliothèque. Certains de mes élèves vivaient dans une petite maison de charité ou *dharmashala* située dans les environs et dépendaient de la culture du *kshetra*, c'est-à-dire du champ attenant au temple, pour se nourrir. Le champ fut, durant quelques jours, le lieu d'où je recevais ma pitance en demandant l'aumône (*bhiksha*). Pour gagner du temps, un sâdhu âgé qui travaillait dans le champ me faisait parvenir mon repas. Ainsi les mois passèrent.

---

1. La voie dévotionnelle de l'écoute des gloires du Seigneur.

Quelque temps plus tard, je découvris, à proximité de l'ashram, un petit kutir dans un état délabré que j'arrangeai en réparant les portes et les fenêtres. J'y vécus pendant plus de huit ans. J'aurais très bien pu construire quelques cases aux toits de chaume dans la jungle, mais cela n'était pas compatible avec la dimension active du travail que j'avais à accomplir. De plus, les livres et les différents écrits risquaient d'être endommagés par les termites. Dans un dharmashala, j'ai vu plusieurs pièces utilisées comme étable par un marchand. Ces pièces n'avaient pas de portes. Petit à petit et une par une, toutes ces pièces furent converties en quartiers résidentiels pour les initiés.

Lorsque mes adeptes me donnaient de l'argent, j'utilisais celui-ci pour imprimer des brochures, parmi lesquelles «Vingt enseignements spirituels fondamentaux», «Le chemin vers la paix et le bonheur», «Quarante préceptes d'or», et des tracts que je distribuais ensuite aux visiteurs. Cet argent servait également à l'achat de remèdes utiles pour soigner les mahatmas souffrants ainsi qu'à l'affranchissement d'articles envoyés à différents journaux et de lettres adressées aux aspirants. Le travail avançait à grands pas et je n'étais jamais à court d'élèves.

Les authentiques chercheurs de vérité venaient à moi en grand nombre, en quête de mon aide et de mes conseils. Tous reçurent de moi leur initiation alors qu'ils vivaient dans les pièces adjacentes de la maison de charité et travaillaient jour et nuit. Afin de ne pas être dépassé par la lourde charge de travail, je me procurai un polycopieur ainsi qu'une machine à écrire. Les gens manifestaient un grand intérêt dans le service divin qui était accompli pour aboutir à l'ascension spirituelle du monde. J'étais plein d'admiration pour la dévotion qu'ils manifestaient à mon égard. Une fois pris dans le feu de l'action, ils oubliaient leur passé et s'attelaient à leur élévation à travers le dévouement et la sadhana. Les adeptes se portaient volontaires pour contribuer à de nobles causes. Pour subvenir aux besoins de mes élèves, j'obtenais des rations de denrées sèches pouvant nourrir cinq personnes à partir du champ attenant au domaine de Kali-kambliwala à Rishikesh. Pour nourrir le reste des élèves et des visiteurs, j'utilisais les maigres donations que nous recevions de nos admirateurs. Cela me permit également de mettre quelques livres en vente.

Lorsque les talents sont exploités au meilleur de leur potentiel

Avec l'arrivée de nouveaux aspirants désireux d'entreprendre et habiles de leurs mains, j'amorçai la création de différents secteurs d'activité compatibles avec leurs centres d'intérêt et leur tempérament. Je décelais les talents et les facultés qui étaient enfouis en eux et les encourageais vigoureusement. Une petite cuisine fut aménagée pour nourrir les travailleurs, les visiteurs et ceux qui, sans ressource, ne pouvaient pas recevoir l'aumône au sein du *kshetra*. Je conservais des carnets d'adresses se rapportant à différents types de personnes ou d'établissements ; parmi ces adresses, on pouvait trouver celles de certains fidèles, de lycées, de bibliothèques, de donateurs et d'aspirants au sannyasa à travers le renoncement au monde (*Nivritti Marga*) auxquels je faisais régulièrement parvenir mes livres pour assurer la diffusion du savoir. Les adresses étaient toutes minutieusement classées, par fonction ou catégories professionnelles, ce qui permettait de s'y référer plus facilement. Voici, par exemple, quelques titres donnés à certains de ces carnets d'adresses : « Ashrams », « Associations », « Avocats », « Juges », « Diplômés », « Libraires », « Éditeurs », « Entreprises », « Médecins », « Élèves suivis par correspondance », « Branches de la Société de la Vie Divine », « Bibliothèques », « Section pour les femmes », « Élèves Bramahcharis et Sannyasins », « Revues et périodiques », « Maharahs et Zamindars[1] », « Élèves ayant reçus l'initiation », « Donateurs mensuels », « Disciples au sein du foyer », « Agents », « Parrains », « Professeurs », « Grippe-sous merveilleux ». Enfin, les carnets étaient également répertoriés par pays. Je notais les adresses au fur et à mesure et, en cas de changement, faisais les modifications très soigneusement. Aujourd'hui encore, je note moi-même les adresses importantes et laisse aux élèves le soin de les maintenir en ordre.

Troisième étape

La naissance d'une grande institution

En 1936, afin de promouvoir la Mission Divine à grande échelle et de manière systématique, je fondai la SOCIÉTÉ FIDUCIAIRE DE LA VIE DIVINE dont j'enregistrai l'acte à Ambala. L'idée de cet organisme me vint cette année-là alors que j'effectuais mon retour de Lahore après avoir

1. Membre de l'aristocratie.

présidé une conférence sur le kirtan. Très vite, je consultai un avocat et préparai l'acte fiduciaire. Cet acte aboutit à la création de la Société de la Vie Divine dont la diffusion du savoir spirituel à travers le monde entraîna elle-même l'ouverture de trois cents instituts affiliés dans toutes les grandes villes importantes de l'Inde. J'initiai ainsi des milliers d'élèves à l'ordre du sannyasa. Tant que les élèves sont en formation, je les garde sous mon aile et ils travaillent à mes côtés. Les élèves les plus avancés, eux, commencent leur propre mission dans les grandes villes et entreprennent leur sadhana dans les grottes de l'Himalaya.

Partout dans le monde, des aspirants ambitieux reçoivent conseils et orientation à travers les courriers qu'ils reçoivent. Chaque année, la Société publie de nombreux articles portant sur la pratique du yoga, le bhakti, le vedanta et la santé sous forme de brochures, de tracts et d'autres formats plus importants, et ce dans plusieurs langues. À ce jour, les journaux principaux dans tous les pays publient des articles sur le yoga, le bien-être et d'autres questions d'ordre spirituel. L'ashram publie six périodiques en anglais et en hindi pour une circulation internationale et est aujourd'hui en mesure de faire vivre et travailler 400 personnes, parmi lesquelles de nombreux érudits, des mahatmas, des yogis, des fidèles, des personnes pauvres et malades, sans compter les écoliers des villages voisins.

Un centre dynamique de régénération spirituelle

Les nombreux étrangers qui viennent à l'ashram y passent généralement quelques semaines ou quelques mois et admirent le magnifique travail qui y a été accompli. Les habitants de Shivanandanagar, jeunes ou vieux, hommes ou femmes profitent de la quiétude et du bonheur qui émanent de ce sanctuaire et participent au bien de l'humanité de différentes manières. Tous reçoivent mon attention pleine et personnelle ; aussi, je fais en sorte de leur fournir tout le confort, l'aisance et l'aide dont ils ont besoin dans leur évolution.

De nombreux bâtiments, kutirs et maisons d'hôtes sont aménagés pour leur séjour. Plus de trente machines à écrire sont mises à contribution, jour et nuit, pour assurer la correspondance et le travail de publication. La Yoga-Vedanta Forest University forme, à l'aide de professeurs et d'éducateurs hautement qualifiés, un grand nombre d'élèves qui acquièrent ainsi une connaissance approfondie des textes sacrés. La Presse universitaire est maintenant dotée de machines électriques fonctionnelles permettant un travail de composition, d'impression, de formatage et de reliure performants. Afin de disséminer le savoir parmi la jeunesse, des concours de dissertations sont organisés et des bourses sont offertes pour que les étudiants puissent poursuivre leurs études dans des facultés ou des lycées.

L'Hôpital Sivananda est une bénédiction pour les mahatmas, les yogis, les pèlerins et les pauvres gens des villages voisins. De nombreux praticiens expérimentés avec différentes formes de médecine exercent au sein de l'hôpital dont l'enceinte principale bénéficie d'un équipement moderne qui comprend un appareil de radiographie et de diathermie ainsi qu'un équipement ORL et ophtalmologique à haute fréquence.

Des milliers de personnes malades à travers le monde trouvent un nouveau souffle dans le temple (*mandir*) dédié au Seigneur Viswanath ou Shiva. Cet acte de vénération effectué au nom des fidèles permet aux gens d'obtenir paix et prospérité. Je suis empli d'une joie immense lorsque je reçois des centaines de lettres de mes adeptes indiquant que les prières faites au sein du temple de toutes les religions de l'ashram les ont sauvés. Ils relatent sur des pages et des pages comment ils ont pu ainsi, miraculeusement, échapper aux pièges que la vie leur tendait.

Les guides et les adeptes d'autres cultes et religions viennent également séjourner à l'ashram qui représente, à leurs yeux, une plateforme idéale pour servir l'humanité. Pour ma part, je perçois l'ashram comme une immense colonie spirituelle ou chaque résident rayonne par sa joie et par sa grâce. Les gens se rendent à l'ashram avec toutes sortes d'espoirs ; ainsi, certains aspirent à un plus grand confort matériel, d'autres recherchent un enrichissement spirituel. De fait, ils sont toujours stupéfaits de voir leurs attentes, dans une large mesure, comblées. Gloire au Seigneur de nous avoir offert ce lieu de culte idéal pour tous les authentiques chercheurs de vérité.

En plus des activités ordinaires, des campements pour personnes non voyantes sont aménagés au sein de l'ashram et des centres plus reculés. Des conférences pour la vie divine sont organisées dans toutes les villes importantes des provinces indiennes. Durant leurs congés, les fidèles et les élèves se rendent à l'ashram en groupes pour participer aux activités quotidiennes et communier en assistant aux *Satsangs*, dont ils tirent d'innombrables bénéfices pour leur élévation spirituelle.

Quatrième étape

La sadhana collective

Les aspirants avaient l'habitude de dormir dans le froid de l'hiver jusqu'à six ou sept heures du matin. Cependant, ils devaient veiller à ne pas dormir durant la période du Brama-muhurta, temps précieux qui se situe entre quatre et cinq heures du matin et qui est hautement propice à la méditation profonde ; l'atmosphère y est chargée de pureté et de vibrations positives (*sattva*). Sans grand effort, l'éveil dans cet intervalle permet une concentration des plus prodigieuses.

De mon kutir, j'avais l'habitude, à l'aube de chanter tout haut les mantras « OM OM OM, SHYAM SHYAM SHYAM, RADHESHYAM RADHESHYAM RADHESHYAM » que je répétais jusqu'à ce que les élèves se lèvent pour effectuer leurs prières et leur méditation. Mon chant ne produisait cependant aucun effet sur les aspirants les plus apathiques dont l'attitude tendait à l'inertie (*tamas*). Je m'attelais à la préparation du déjeuner avant le lever du soleil ce qui motivait certains à se lever de bonne heure. C'est seulement ceux qui ont tendance à manger trop le soir qui ont des difficultés à se lever tôt le matin.

J'avais remarqué qu'au début de la sadhana, même s'il méditait seul dans une pièce, l'aspirant était souvent vaincu par le sommeil après s'être réveillé tôt et dormait, le temps de sa méditation, en position assise. Ce constat me donna l'idée d'une prière commune et d'une méditation durant le Brahma-muhurta : un élève devait sonner la cloche devant chaque kutir et rassembler les aspirants dans un même endroit pour une pratique collective de la sadhana. Pendant des mois et même des années, je participai moi-même quotidiennement à cette sadhana collective.

Prière et sessions d'étude

La cérémonie débutait par des actes de prière au Seigneur Ganesh, au Gourou Stotra et l'interprétation de maha-mantras. Un élève lisait un chapitre de la Bahagavad-Gita, puis expliquait le sens de l'une des strophes ou *sloka*.

Un autre élève donnait ensuite quelques astuces portant sur la concentration et la méditation. A la fin, je prenais la parole pendant une demi-heure afin d'évoquer les moyens de progresser rapidement sur la voie spirituelle et émettais des suggestions quant aux diverses méthodes susceptibles d'être employées pour détruire les tendances malsaines de l'esprit et maintenir un contrôle des sens malgré leur turbulence. J'insistais aussi particulièrement sur la perfection éthique. La cérémonie se concluait par le chant, interprété en chœur, de dix prières pour la paix ou *shanti mantras*. A mon grand bonheur, la conscience divine laissait son empreinte sur les élèves, et ce durant les heures de travail de la journée.

Certains élèves vivaient à l'ashram Brahmananda qui se trouvait à environ deux cents mètres de mon kutir. Fréquemment, aux alentours de quatre heures du matin, je rendais visite aux kutirs voisins et chantais le mantra de l'Om à plusieurs reprises afin que les aspirants se lèvent pour effectuer leurs prières. Je n'obligeais pas tous les élèves à participer à la méditation collective et permettais, s'ils le désiraient, qu'ils effectuent leur sadhana de manière individuelle dans leur propre kutir. Toute mon attention était focalisée sur l'élévation spirituelle de mes élèves. Aujourd'hui encore, nombre de mes anciens élèves qui, à l'époque, prenaient part à la méditation et à la prière collectives me témoignent de l'influence qu'ont eue sur eux mes brèves allocutions sur la sadhana.

En fin d'après-midi, entre trois heures et quatre heures, j'organisais aussi une « session d'étude » durant laquelle je demandais à un étudiant de lire un chapitre tiré de l'un de mes ouvrages. Le jour suivant, les élèves recevaient un questionnaire portant sur les points les plus importants de la lecture. Je formais ainsi les aspirants à acquérir plusieurs compétences. En outre, tous les étudiants étaient habilités à chanter les mantras des textes sacrés, à diriger des sessions de kirtans, et à donner de brèves conférences. Je demandais souvent à l'un d'entre eux de préparer des questions sur un texte puis, le lendemain, de soumettre celles-ci à ses compagnons. Durant l'étude du soir, j'initiais mes élèves au *likhita-japa* et, à l'aube, je les initiais à des exercices de yoga comme le *trataka* qui consiste à travailler la concentration à travers la fixation visuelle. Durant la journée, ils devaient tous préparer des dissertations sur le yoga et la philosophie en tenant compte de leurs propres expériences. Aujourd'hui encore, lorsque les écoliers et les jeunes enfants se rendent à l'ashram, je leur enseigne de courtes phrases en anglais et leur demande ensuite de composer un texte percutant. Beaucoup d'entre eux ont appris mes kirtans comme celui qui s'intitule « Mange peu ».

Je formais également mes élèves au travail organisationnel, à la dactylographie, à la gestion des comptes relatifs aux affaires de la Société et à l'assistance à l'égard des fidèles, des visiteurs et des malades. Ainsi, même à ses débuts, la Yoga-Vedanta Forest University était vigoureusement active.

L'attention accordée aux visiteurs

Lorsque les visiteurs venaient à ma rencontre, au lieu de les interroger sur leur situation familiale, je leur demandais d'ignorer le passé et de se joindre à moi pour chanter des kirtans. Je leur enseignais la musique, le chant bhajan, le kirtan, la philosophie. Aujourd'hui comme hier, lorsque les fidèles viennent à l'ashram, je leur prescris un livre à étudier et, le lendemain, les soumets à un certain nombre de questions portant sur leur lecture. S'ils doutent, je les rassure et leur donne quelques conseils avisés afin qu'ils puissent contourner les problèmes et les obstacles qu'ils rencontrent.

Tous les visiteurs sont heureux de bénéficier de mon attention personnelle. Ainsi, au fil des années, le travail sans relâche effectué dans ce lieu sacré de l'Himalaya sur les rives du Gange attira des milliers de chercheurs de vérité venant de toute l'Inde, mais aussi de l'étranger. La Société de la Vie Divine, la Yoga-Vedanta Forest University, l'ashram Sivananda et l'École de Yoga Sivananda sont ainsi devenus des institutions de référence pour tous les aspirants. Aujourd'hui, différents centres religieux fonctionnant en partenariat avec des branches de nos institutions proposent systématiquement un travail et une formation de même envergure.

J'ai toujours accordé beaucoup d'attention au régime alimentaire des aspirants qui sont à l'ashram. Ici, ils ont suffisamment à manger pour rester en forme et progresser dans leur sadhana, bien que le luxe et la gourmandise n'y aient pas leur place.

C'est ainsi que, avec l'assistance d'une douzaine d'élèves, j'introduis un régime à base d'aliments sans sel le dimanche, un repas à base de pommes de terre bouillies et de pain pour les jours de jeûne ou, pour certains, un repas simplement composé de lait et de fruits.

En peu de temps, l'ashram attira durant les congés de nombreux adeptes venant de Delhi, de Madras, de Calcutta et d'ailleurs. Je devins bientôt l'initiateur d'une sadhana collective, un programme unique réunissant tous les aspects les plus importants de la sadhana, qui prit d'abord la forme d'une conférence spirituelle portant sur la dimension pratique du yoga puis évolua ensuite en semaines de sadhana collective durant les vacances de Pâques et de Noël. Ces vingt dernières années, cette pratique spirituelle est devenue un élément incontournable de l'Inde actuelle.

Depuis, d'autres branches de la Société de la Vie Divine organisent, en Inde, des conférences similaires en y incorporant automatiquement une semaine complète de sadhana. Des personnalités éminentes y sont invitées pour y tenir d'importants discours et des brochures, des tracts et des livres y sont distribués gratuitement. Ainsi, partout à travers le monde, un travail dynamique s'est organisé autour de l'éveil spirituel.

CHAPITRE CINQ

Ma religion, sa technique et sa dissémination

Le mouvement de la Vie Divine

J'aime la solitude ; aussi, je ressens, parfois, le besoin de m'isoler. Je ne désire ni la renommée ni la reconnaissance. Ce n'est pas pour subjuguer les foules avec des conférences que j'ai passé de longues heures à étudier les Écritures sacrées et les religions du monde. Rédiger de belles dissertations afin qu'elles fassent l'objet de publication dans des livres ou des journaux m'a toujours été fastidieux. Je n'ai jamais aimé que l'on m'appelle « Mahatma », « Maître », ou « Maharajah » et ne me suis jamais soucié qu'une institution perpétue mon nom. Mais la Volonté Divine n'a rien à voir avec tout cela. Le monde entier est venu à moi dans toute sa gloire et sa splendeur divine grâce, peut-être, aux intenses prières qu'ont effectuées des milliers de chercheurs de vérité et à mon besoin inné de partager ce que je possède avec d'autres, et de servir l'humanité à grande échelle de manière vertueuse pour atteindre la Lumière, la Paix, le Savoir et la Force.

L'élan pour créer la Société de la Vie Divine m'est venu une fois que j'étais parvenu à une installation correcte et pouvait bénéficier de l'aide de mes fidèles pour poursuivre le travail. C'est ainsi que j'ai pu transmettre le Message des sages et des saints et enseigner comment atteindre la Paix et le Bonheur. Grâce à la popularité de la Société de la Vie Divine, de nombreuses âmes fort érudites et pieuses sont venues de loin pour me rencontrer et, tout en partageant avec moi leur amour du dévouement total et désintéressé, font un travail formidable de diffusion du juste savoir qui, à lui seul, peut être à l'origine d'une paix et d'un bonheur durables. Ainsi, de nombreuses branches étrangères de la Société de la Vie Divine réimpriment certaines parties de mes écrits et les distribuent gratuitement dans leurs régions.

La nécessité qui s'impose aujourd'hui

Lorsque l'homme est pris dans les griffes de l'égoïsme, de l'avidité, de la luxure et de la passion, il oublie tout ce qui a attrait à Dieu. Par conséquent, ses préoccupations sont essentiellement liées à son corps, à sa famille et à ses enfants. Il cherche sans cesse à satisfaire ses besoins, à trouver de quoi boire, manger et assurer son confort. C'est ainsi qu'il est submergé dans un océan de *samsara*[1], où il est voué à vivre dans un cycle d'existences soumises à la souffrance, à l'ignorance et à l'attachement terrestre. Le matérialisme et le scepticisme règnent alors en maîtres absolus. L'homme se met en colère pour des vétilles et se livre à des débordements violents. Partout, l'agitation, la misère, l'inquiétude et le chaos se manifestent. L'invention de nouvelles bombes est une source omniprésente de terreur. À l'heure actuelle, le monde entier semble être dominé par le matérialisme. Les gens ont perdu leur foi dans les textes sacrés et les enseignements de leurs sages et divins. Ils sont, après des décennies de mauvaise éducation et d'influences nuisibles, devenus des anti-spiritualistes.

Les événements qui n'ont cessé de déchirer le monde depuis le début du vingtième siècle n'ont pas manqué de marquer, durablement, les esprits spirituels, les *sannyasins*, les saints et les hommes de Dieu. L'horreur engendrée par les deux guerres mondiales a durement ébranlé les hommes. L'épidémie de catastrophes et la perte de foi globale qu'elles ont entraînées les ont fortement affectés. Ils ont alors compris que les souffrances de l'humanité étaient, avant tout, le fait des hommes eux-mêmes. C'est pour cette raison qu'il est vital que les hommes prennent conscience des erreurs et de la folie de leurs aînés afin qu'ils les corrigent et fassent de leur vie un usage plus noble qu'eux.

Des millions étaient en quête d'un véritable accompagnement spirituel. Leur prière silencieuse fut entendue et je vis alors la naissance de la Vie Divine et de sa Mission qui consistait à libérer les hommes des forces de la bestialité et de la brutalité, et de les aider à diviniser leur vie sur cette planète.

C'est à ce tournant fatidique que la Société de la Vie Divine fut créée. Aujourd'hui, cette dernière est perçue comme une chance, car elle porte en elle la quintessence des enseignements de toutes les religions, de tous les saints et prophètes de ce monde. Les principes sur lesquels elle se fonde sont d'une envergure globale, universelle, en accord avec les préceptes de la science et de la raison. Elle s'est donné comme mission d'élever l'homme

---

1. La ronde des naissances, des morts et des réincarnations.

au-dessus des misères et des afflictions de sa vie matérielle en lui permettant de voir la Divinité Bienheureuse qui se cache derrière chaque manifestation extérieure.

Les pensées justes imprègnent et influencent toutes les personnes dotées de bonté. Les courants de pensée générés pas le Mouvement de la Vie Divine ont eu de fortes incidences sur les peuples d'Europe et d'Amérique si bien que maintenant, énormément de gens à travers le monde ont soif de paix. Des millions de personnes redoutent l'aboutissement précipité d'une fuite en avant par l'armement nucléaire.

Les idéaux universels permettant d'atteindre la perfection spirituelle

La Société de la Vie Divine est une institution englobante, totalement inclusive. Ses objectifs, ses intentions et ses idéaux reposent sur des fondements universels très vastes. Elle ne condamne en rien les dogmes et les principes des autres cultes, mais œuvre au contraire, à l'intégration de tous les préceptes fondamentaux des autres croyances et religions. Les petits dogmes et les doctrines sectaires n'y ont aucune place. Elle a pour seule fonction de guider les individus sur la voie spirituelle et leur permet d'accéder aisément à la Vie Divine sans pour autant les encourager à se couper du monde et à abandonner les enseignements du culte ou de la religion qui leur sont propres.

La Société a entraîné une vive prise de conscience à travers le monde et contribué amplement à l'émergence d'une nouvelle vie basée sur le libre arbitre, l'harmonie en dépit des turpitudes matérielles, et sur le bonheur à travers le détachement mental et le renoncement aux désirs primaires, à l'égoïsme et à l'esprit de possession. L'Institution est aujourd'hui universellement appréciée pour les principes, les idéaux et les objectifs qui la caractérisent jusque dans son fonctionnement. On y insiste beaucoup sur la dimension pratique de la sadhana et on y expose de manière rationnelle et scientifique le yoga de synthèse.

Partout dans le monde, des gens appartenant à d'autres organisations et institutions deviennent membres de la Société de la Vie Divine et m'écrivent pour obtenir un accompagnement spirituel. Je suis plein d'égards à leur encontre et leur livre des enseignements par correspondance afin qu'ils progressent sur la voie du bien-être et de la spiritualité. La Société de la Vie Divine déclare que tout individu peut atteindre la Sagesse quel que soit le stade où il se trouve dans sa vie, qu'il s'agit de la continence et du célibat (*brahmacharya*), du labeur et de la domesticité (*grihastha)*, de l'isolement et de l'ascèse (*vanapratha*), ou encore celui du renoncement au monde (*sannyasa*). Quelle que soit la caste à laquelle il appartient, intouchable ou brahmane, sûdra (serviteur) ou kshatriya (noble), homme du monde des affaires ou le sadhaka (religieux) vivant son culte en silence dans les montagnes de l'Himalaya, le Savoir Divin lui est tout autant accessible qu'aux sannyasins et aux ermites.

Bien que la Vie Divine se base avant tout sur le yoga de la connaissance (*jnana yoga*) et le Vedanta, il est indispensable que les aspirants se livrent à une purification du cœur et de l'esprit; ainsi, le hatha yoga permet de se maintenir en bonne santé, de renouveler ses forces vitales (*prana*) et de stabiliser son esprit. Le yoga intégral (*raja yoga*) permet de détruire les intentions particulières (*sankalpas*) afin d'induire la concentration et la méditation. Enfin, le yoga de la connaissance permet de retirer le voile de l'ignorance et de se reposer dans l'enveloppe de sa propre réalité absolue (*satchidananda svarupa*).

Le tournant fatidique

Les étudiants devinrent mécréants,
Perdirent leur foi en la religion, et
Sous l'influence de la science,
Négligèrent le Dharma, leur Vertu,
Puis ils se livrèrent au tabagisme et au jeu,
Les filles se mirent à suivre les modes,
Et les hommes de pouvoir devinrent matérialistes.
Au fur et à mesure, les gens se détournèrent des saintes écritures,
Et leur santé se détériorait,

Le matérialisme exerçait son emprise.
À ce tournant fatidique,
Afin de redonner vie à la Gloire du Seigneur
Et de disséminer le savoir du Yoga,
De prêcher le yoga de synthèse,

D'instiller la foi et la dévotion dans les individus,
De travailler pour l'élévation spirituelle de l'humanité,
D'apporter le bonheur et la paix dans chaque foyer,
J'instaurai la Mission de la Vie Divine,
Et fondai la Forest University,
Dans un endroit ravissant et sacré de l'Himalaya,
A Rishikesh, sur les rives du saint Gange.

La rapide croissance de la Mission Divine

J'initiai la Société de la Vie Divine en 1936 pour participer à l'élévation spirituelle du monde et, dès lors, enseignai le yoga à de très nombreux étudiants sincères. Pour assurer une évolution rapide de leur spiritualité, j'introduis des sessions matinales de prière collective que je combinai avec un cours d'exercices de yoga (*asanas*). Afin de fournir une assistance médicale aux habitants de la région les plus pauvres et aux milliers de pèlerins en visite dans cette région, je créai un dispensaire gratuit. Bientôt, des spécialistes se rendirent dans différents centres religieux pour y donner des conférences sur le Bhakti, le Yoga et le Vedanta. Un petit temple fut érigé pour que les aspirants puissent s'adonner à leur culte et à leurs prières dans de bonnes conditions. Lorsque je faisais face au désir de formation de nombreux étudiants et visiteurs, il était important de pouvoir tous les loger et les accueillir comme pensionnaires. C'est sur ces prémisses que l'ashram Sivananda vit le jour.

La Yoga-Vedanta Forest University fut créée une fois que des cours réguliers furent instaurés pour toutes les branches du yoga. Afin d'aider les étudiants à travers le monde, la Presse universitaire fut établie. Équipée de machines automatisées, elle permit la création de six revues périodiques et l'impression de textes indispensables à une meilleure compréhension de la dimension pratique de la spiritualité. Le petit dispensaire se mua bientôt en une grande organisation médicale, pourvue de son propre bâtiment hospitalier. Bien que la Société de la Vie Divine demeure à ce jour la principale organisation, de nombreuses autres institutions ont été créées afin que puissent être honorées les différentes fonctions développées au fur et à mesure pour mener à bien le travail collaboratif. Aujourd'hui, l'ashram est une immense colonie spirituelle semblable à un énorme atelier qu'enveloppent la splendeur et la quiétude indescriptibles qui se dégagent du paysage himalayen. Les aspirants spirituels qui se rendent à l'ashram et y séjournent durant plusieurs mois, voire des années, trouvent là un cadre propice à leur ascension spirituelle, et ce qu'ils soient volontaires investis au sein des différentes institutions de l'ashram, ou bien de simples méditants s'adonnant à un recueillement silencieux au sein des temples ou dans des retraites situées non loin, au cœur de la jungle. Chacun y trouve son compte, en accord avec ses inclinations personnelles.

L'approche élémentaire

Plutôt que d'œuvrer pour atteindre le paradis après leur passage sur terre, les adeptes de la Vie Divine œuvrent pour que le paradis puisse exister sur terre. Les doctrines de la Société de la Vie Divine sont totalement anti-sectaires et applicables à l'échelle universelle. Ce mouvement repose sur l'acceptation du triple idéal de vérité, de non-violence et de pureté qui constituent les principes fondamentaux de l'ensemble des religions à travers le monde. Par conséquent, le Mouvement de la Vie Divine remporte l'adhésion volontaire de peuples de foi et de cultures différentes, et propose un projet de vie et un but acceptable et commun à tous ceux qui, sur terre, souhaitent s'élever au-dessus des peines et accéder à une félicité éternelle. Voilà le dessein du Mouvement de la Vie Divine.

Pas de doctrines secrètes

Le chemin de la sadhana lié à la Vie Divine n'est fondé sur rien d'autre que l'essence combinée de tous les yogas et les préceptes fondamentaux qui composent toutes les religions. Ici, chacun peut trouver une forme d'épanouissement sans que sa foi ou ses croyances s'en trouvent offensées. Aujourd'hui, le besoin d'une révision intense et rigoureuse de nos idéaux se fait des plus pressants, car les récentes avancées dans les domaines de la science, de la politique et de la sociologie ont eu tendance, plus que jamais, à rapprocher l'humanité du dangereux précipice de l'anti-spiritualisme le plus total et de l'autodestruction violente. La haine et la brutalité, le mensonge et la tromperie, le vice et l'impureté sont en train de constituer, à grands pas, le nouvel ordre de notre époque.

Or, seul un puissant contre-pouvoir est à même, dans une certaine mesure, d'inverser cette tendance infernale. C'est en l'occurrence pour empêcher la progression rampante de ces influences funestes et pour freiner la course tourbillonnante de l'homme vers sa propre destruction que la Société de la Vie Divine fut établie. Je suis porteur du message de la paix, de la bonté, de la fraternité spirituelle et de la réalisation de l'unité de l'Esprit. Les petits dogmes, les doctrines secrètes et l'ésotérisme n'ont pas leur place dans le Mouvement de la Vie Divine. Seuls les amoureux de la vérité prennent conscience de son ampleur, de sa beauté infinie, de sa majesté et de sa splendeur. Ce mouvement offre un refuge et un espace pour tout un chacun et permet à tous de réaliser la religion du cœur, la religion du Tout et de l'Un.

Ce qu'est la vraie religion

Ce n'est pas par la discussion ni par l'argumentation que la religion peut être enseignée et ce n'est pas par le seul biais des préceptes ou des canons de la morale qu'une personne peut être convertie à la religion. Enfin, ce n'est pas en montrant d'un doigt autoritaire les milliers de pages qui constituent la littérature sacrée ni les miracles accomplis par votre maître spirituel qu'un aspirant peut être conquis. Il faut, pour évoluer et accomplir le dessein de la vie, d'une part pratiquer la religion, et d'autre part se montrer à la hauteur de ses enseignements. Quels que soient votre religion, votre prophète, votre langue, votre pays d'origine, votre âge ou votre sexe, vous pouvez aisément vous déployer si vous parvenez à écraser votre ego, à anéantir la nature inférieure de votre esprit et à exercer le contrôle sur votre corps, vos sens et votre esprit. C'est là le chemin que j'ai trouvé pour accéder à la paix et au bonheur éternel. Ainsi, ce n'est pas par de stériles débats enflammés que je m'efforce de convaincre les gens.

La vraie Religion est la Religion du cœur. Mais pour cela, le cœur doit d'abord être purifié. La vérité, l'amour et la pureté sont les piliers de cette religion. Conquérir la nature inférieure de l'homme, effectuer le contrôle de l'esprit, cultiver ses vertus, servir l'humanité avec gentillesse, un sens de la fraternité et de la bonne entente constituent les fondamentaux de la vraie religion. Ces idéaux sont inclus dans les devises de la Société de la Vie Divine ; idéaux que je suis très soucieux de propager sur une grande échelle.

Je ne gaspille pas mon temps à trouver, dans les écritures sacrées, des affirmations autoritaires susceptibles d'assouvir la curiosité des aspirants. Je mène une vie pratique en m'efforçant d'être un exemple sur lequel les étudiants peuvent s'appuyer pour modeler leur vie. Sachez que la vraie religion commence au moment où vous accédez à une conscience supra-corporelle. Les enseignements que nous ont transmis les sages et les saints et qui se trouvent au fondement de toutes les religions et de tous les cultes partagent la même essence. Les gens se battent inutilement pour des choses superficielles et passent, ainsi, à côté du but spirituel ultime.

Puisse le Mouvement de la Vie Divine, signe annonciateur de la paix, de l'harmonie et de la vie exaltée, faire rayonner sa gloire et son éclat à travers le monde !

Le gospel de la Vie Divine

Le monde de l'irréalité est semé de difficultés à chacune des étapes que nous franchissons pour atteindre le but ultime, le Nirvana, que le Seigneur Buddha atteignit après des années d'un combat ferme et déterminé. Le penseur moderne n'a ni le temps ni la patience de pratiquer une ascèse rigoureuse (*tapas*), de se livrer à des pratiques religieuses austères, dont certaines sont reléguées au rang de la superstition. Or, afin de faire bénéficier la génération actuelle du résultat de ces pratiques religieuses, afin que la vraie signification de celles-ci leur soit enfin révélée, et afin de les amener à une conviction profonde de leur efficacité et de leur utilité, je transmis mon gospel de la VIE DIVINE, un système de vie religieuse adapté à tout un chacun, et pouvant être pratiqué aussi bien par l'employé de bureau que par le paysan anonyme, sans qu'il interfère, de manière néfaste, avec ses activités quotidiennes. La beauté de la « Vie Divine » réside dans sa simplicité et, pour l'homme ordinaire, dans l'accessibilité de sa pratique au quotidien. Ainsi, tout en appliquant les préceptes de la religion qui lui est chère, l'homme peut rapidement évoluer dans sa spiritualité en suivant les principes de la Vie Divine.

La dimension pratique de la Vie Divine

Il n'est pas rare que le chercheur de vérité ordinaire se voie trahi par les caprices de son esprit ; en effet, la personne qui emprunte la voie spirituelle peut être en proie au doute et à la confusion avant la fin de son parcours initiatique et relâcher naturellement ses efforts à mi-chemin. Les pièges sont nombreux, mais ceux qui avancent d'un pas ferme et résolu en suivant la voie de la Vie Divine sont certains d'atteindre le but de leur aspiration religieuse, qui n'est autre que celui de la réalisation de Soi. J'ai, à cet égard, longuement insisté à travers mes écrits sur le contrôle des passions, la conquête de l'esprit, la purification du cœur, l'accession à la paix intérieure et à la force spirituelle, et à leur adaptation à chaque étape de l'évolution en fonction des préférences et du tempérament de chaque individu.

Le rôle des aspirants spirituels et des organisations affiliées à la Vie Divine

Mon message aux aspirants spirituels et aux centres affiliés à la Société de la Vie Divine est le suivant :

« Vous êtes sur cette terre pour atteindre la perfection spirituelle, pour accéder à une joie pure et suprême. Le but d'une vie humaine est la réalisation de la Conscience Divine et le but de la vie est l'accomplissement de Soi. L'homme n'est pas un animal sensuel. Dans son essence, l'homme est un être à tout jamais spirituel et immortel, à tout jamais parfait, libre et pur. Ressentez en vous cette Âme immortelle. Vous êtes Absolu, Conscience et Béatitude (*Satchidananda*). N'oubliez pas que vous êtes en gestation, éternel, indestructible, immémorial. Vivre dans cette Conscience exaltée, c'est faire l'expérience d'une joie indescriptible à chaque instant de votre vie, c'est jouir d'une liberté infinie de l'Esprit. C'est là le droit acquis dès votre naissance, le but ultime de votre vie, la finalité à atteindre que le Mouvement de la Vie Divine se donne pour mission de réaliser à travers une vie de vérité, de pureté, de dévouement et de dévotion. »

« Cette époque que menacent les armes nucléaires de destruction massive est dominée par la peur. La haine est à la racine des principes qui règnent sur de vastes portions d'une humanité soi-disant civilisée et instruite. Cet âge qui se veut celui du progrès s'est révélé être, en réalité, celui de la décadence des mœurs et des valeurs, de la détérioration des idéaux et de la morale de la plus grande partie de l'humanité. À l'heure de ce tournant décisif, des femmes et des hommes éclairés venant du monde entier se tournent en direction de la terre sacrée — l'Inde — pour accéder à la lumière et à la connaissance divine. Et c'est une noble tâche que celle de répandre la lumière, le savoir et l'idéalisme spirituel aux quatre coins du monde. »

L'unité de l'humanité

« Les Upanishads nous apprennent que 'tout cela est ce qui constitue véritablement l'Atman', que 'L'Âme heureuse, entière, réside dans tous les êtres'. L'unité spirituelle de tout le genre humain est une leçon fondamentale que l'homme a aujourd'hui besoin d'intégrer. Peu importe ce qui a été ou ce qui sera, tout cela est véritablement le seul et unique Être éternel. Le message porté par la Vie Divine est 'Vois Dieu dans tous les visages. Rends service, aime, et fais preuve de gentillesse envers tout un chacun. Aie de la compassion et comporte-toi envers l'autre comme s'il était issu de toi. Dévoue-toi auprès de tes semblables avec un esprit d'adoration pour le Divin qui est en eux. C'est dans le don de soi que réside la véritable preuve de l'amour de Dieu.' Que ce message fasse, de toutes parts, résonner la liberté. Qu'il pénètre chaque foyer et le cœur de tous. »

« Toutes les grandes religions du monde ont pour credo véritable ce message divin qui affirme le fondement spirituel de toute vie humaine. Toutes proclament la fraternité universelle des hommes sous l'autorité paternelle et bienveillante du Seigneur Tout Puissant. Sachez que le cœur des Védas, le cœur de la Bible, du saint Coran, des Gathas et de toutes les Écritures saintes, en vérité, ne font qu'un et chantent à l'unisson le doux message de l'amour et de l'harmonie, du bien et de la gentillesse, du dévouement et de l'adoration. Débarrassez-vous des carcans de la réputation et de l'apparence. Cherchez, en chaque être, l'unité du cœur. Enveloppez tout le genre humain dans votre étreinte spirituelle. Vivez pour la paix. Vivez pour l'amour universel. Vivez pour la Vie Divine. »

Le clairon fait retentir l'appel de la Vie Divine

Une branche de la Vie Divine est une grande bénédiction pour l'homme qui vit dans l'époque actuelle. C'est un véritable don de Dieu. Le champ d'exploration du yoga dynamique et du vedanta dans sa dimension pratique. L'espoir humain réside dans la diffusion de la Vie Divine. À travers celle-ci, l'homme se libérera de l'ignorance, de la peine, de la souffrance et s'élèvera au-dessus de la tristesse pour accéder aux royaumes de la paix et du bonheur, ici et maintenant, dans cette vie. La Vie Divine est la garante de la paix et de la fraternité pour l'ensemble de l'humanité. Elle purifie l'homme, ennoblit sa nature et déploie la beauté de l'esprit glorieux et divin qu'il renferme.

Que le clairon des Upanishads résonne à travers chaque village, bourg et ville. Que le chant du Nom divin remplisse de sa gloire chaque faubourg. Que la vertu soit implantée dans le dharma et le cœur de chacun et que la vie bonne soit observée à chaque étape de l'existence. La Vie Divine doit être applicable dans la vie de tous les jours. Ses idéaux doivent s'incarner au sein d'une réalisation pratique.

La Vie Divine doit vigoureusement s'incarner dans l'existence des gens. Cela est primordial. Soyez donc sincères, œuvrez les uns avec les autres avec harmonie, soyez flexibles. Apprenez à vous adapter aux différentes situations et à vous accommoder de peu. Gardez toujours à l'esprit que le travail que vous devez accomplir est la chose la plus essentielle ; aussi, apprenez à ignorer les considérations personnelles et les opinions individuelles. Faites fi de toutes vos différences et travaillez ensemble pour embrasser la cause de la vie pure et de la perfection spirituelle.

La perfection des individus aboutit, à terme, à la perfection de toute l'humanité. Répandez la doctrine du dévouement désintéressé. Inspirez à chacun le désir de suivre le chemin du Yoga et d'atteindre le But de la vie, de préserver sa santé et d'avoir une longue vie. Je n'aidais pas les chercheurs de vérité en les soumettant à des règles, des contraintes et des restrictions mais en les guidant pas à pas, en leur transmettant mes instructions par écrit, que ce soit à travers mes lettres ou des publications riches d'enseignement ; ainsi guidés, ils généraient des vibrations spirituelles lors de prières et de médiations collectives ou de sessions de session de bhajans et de kirtans. Le progrès spirituel ne dépend pas du nombre. Un étudiant sincère et motivé peut, à lui seul, changer le monde en étant vecteur de lumière et de savoir.

Les lettres suivantes envoyées à mes étudiants entre 1936 et 1940 expliqueront clairement comment j'instaurai le début de ma campagne à travers le monde et établis plus de trois cents organisations issues de la Société de la Vie Divine.

1. L'importance de la sadhana collective

« L'évolution est plus rapide à travers une sadhana pratiquée de manière collective, des prières effectuées en masse et une méditation commune. Le but des branches issues de la Vie Divine est ni d'amasser de l'argent ni d'établir une quelconque notoriété ou réputation. Leur unique ambition est d'apporter paix et harmonie dans ce monde en générant, en tout lieu où elle est pratiquée, des vibrations spirituelles. Organiser des rassemblements hebdomadaires, convier celles et ceux qui ont une inclination à la spiritualité, renforcer les adeptes dans leur foi, voici leur vraie mission. Chaque aspirant a à sa disposition une bibliothèque remplie d'ouvrages philosophiques et est libre d'inviter quiconque bénéficiant d'une instruction solide d'y donner des discours. De temps à autre, il est utile d'imprimer et de distribuer gratuitement mes «vingt enseignements spirituels fondamentaux», avec d'autres brochures. C'est ainsi que chacun peut semer la graine de la Mission Divine qui fera, progressivement, jaillir sa bienfaisance spirituelle à travers le monde et contribuera, de manière considérable, à l'évolution individuelle et à l'élévation du genre humain dans son ensemble.»

2. Comment instaurer une branche de la Société de la Vie Divine

«Un travail bien commencé est à demi achevé.» Les grands projets et les programmes ambitieux ne m'intéressent guère. Si, au commencement, une initiative est prometteuse et que ceux qui la portent sont dotés de sincérité, de foi et se montrent dévoués, elle est certaine d'aboutir. Un jour, m'adressant à d'honnêtes étudiants, j'écrivis :

«Vous avez effectué un merveilleux début et votre initiative pour promouvoir la Vie Divine, bientôt, s'enracinera et donnera de magnifiques fleurs. Vous êtes libre d'instaurer un cours de yoga chez vous, dans une pièce de votre choix. Dans ce cas, n'omettez pas d'installer un écriteau devant votre demeure. Organisez des réunions une fois par semaine. Rassemblez les livres que vous aurez collectés çà et là grâce à vos amis et commencez à développer une bibliothèque. Je vous enverrai personnellement toutes mes publications. Afin d'assurer les dépenses ordinaires, vous pouvez obtenir de vos membres une petite somme d'argent en échange de leur adhésion. Poursuivez les objectifs suivants, à savoir :

(a) Obtenir la réalisation de Soi à travers la pratique du yoga.

(b) Redonner vigueur à la jeunesse à travers les exercices de yoga (*asanas*), de respiration (*pranayama*) et à travers une formation éthique.

(c) Disséminer le savoir des Rishis et des Yogis aussi bien autour de vous que dans les contrées lointaines.

(d) Développer une fraternité universelle, un amour divin et cosmique.

«Ne cédez jamais au découragement ou au manque de confiance en vous. De nombreuses personnes ont commencé l'enseignement des préceptes de la Société de la Vie Divine dans leurs propres foyers. Les membres de la famille se rassemblent le matin et le soir pour prier ensemble et diriger des sessions de bhajans et de kirtans. Les vibrations spirituelles qui en résultent amènent paix et prospérité à chacun. Initiez quelque chose avec les amis pour lesquels vous avez le plus d'estime; même à deux, il est possible d'y parvenir.»

Je suis toujours prêt à donner des instructions détaillées aux aspirants enthousiastes et désireux de répandre le savoir divin :

«Rassemblez quelques-uns de vos membres. Lisez quelques pages de mes livres. Dissipez les doutes de vos aspirants. Encouragez-les à répéter le nom du Seigneur (*japa*), à chanter à la gloire du Seigneur (*kirtan*), à méditer, à étudier la Bhagavad-Gita. Demandez-leur de tenir un journal spirituel et un carnet dédié à l'écriture des mantras (*Likithita Japa*). Vous possédez des capacités, des connaissances, et des dons précieux auxquels vous n'accordez pas suffisamment de mérites, voire ne soupçonnez pas l'existence. Laissez briller vos facultés les plus profondes. Donnez tout ce que vous avez. Le monde n'en sera que plus riche. Formez un groupe à l'endroit où vous vous trouvez puis initiez le même type d'activités à d'autres endroits. Ne relâchez pas vos efforts. Gardez espoir, car vous pouvez accomplir des merveilles, faire rayonner la joie et la paix autour de vous. Établissez une ligne de travail précise et tenez-vous-y. Ménagez-vous. Le peu de travail que vous accomplirez sera suffisant. Accordez-vous du bon temps, utile à votre développement. Laissez la fleur s'épanouir et les abeilles venir butiner d'elles-mêmes. Vous n'avez nul besoin de vous livrer à un travail acharné, nul besoin de travailler dans l'effort et la peine. Appuyez simplement sur l'interrupteur et la lumière adviendra. Je vous souhaite la réussite, la liberté et la perfection.»

«Pratiquez la méditation en plein air avec quelques amis. Organisez, en groupes, des démonstrations d'exercices de yoga. Exercez-vous à la concentration visuelle (*trataka*) en fixant la syllabe sacrée OM ou n'importe quelle image du Seigneur pendant cinq minutes. Les jours de jeûne (*Ekadashi*), introduisez la frugalité ou une alimentation stricte à base de fruits (*phalahara*). Dispensez des leçons sur les différents chakras.»

«Préparez vos leçons jour après jour, de préférence le soir, et la veille pour le lendemain. Concentrez-vous, rassemblez vos idées, notez celles-ci sur un bout de papier ou dans un carnet. Si vous ne pouvez pas délivrer de cours, lisez un texte. Parlez lentement. Reprenez des forces en retenant doucement votre souffle après chaque respiration (*kumbhakas*) et en répétant le nom du Seigneur (*japa*). Manger des fruits et des produits nourrissants.»

«Si vous n'êtes pas capable de faire un beau discours, rédigez une dissertation et lisez-là à voix haute avec emphase et toute la force de votre cœur. Petit à petit, vous acquerrez le pouvoir de l'allocution. Lorsque vous rencontrez des âmes pleines du désir d'apprendre et de s'élever, donnez-leur de bonnes idées et demandez-leur de former, chez elles, des groupes de pratique spirituelle. Cela facilitera votre travail à venir. Demandez à chaque homme dont vous avez fait la connaissance de lire, quotidiennement, quelques strophes tirées de la Bhagavad-Gita et de répéter le mantra Gayatri[1]. Faites de nombreux initiés. Louez l'utilité du mantra et du japa. Introduisez la mâlâ[2] pour la récitation des mantras.»

3. Le courant spirituel doit être entretenu

Je suis de près les activités menées au sein des branches de la Société de la Vie Divine et continue, de temps à autre, à encourager et à inspirer de telles initiatives. Je demande aux aspirants aptes et les plus avancés d'entretenir la vitalité de ce courant spirituel de le pousser plus avant dans leurs activités. Voici, par exemple, quelques instructions données à l'un d'entre eux :

«Comment se porte le centre aujourd'hui ? Est-il mort, haletant ou plein de vie ? Rapprochez-vous des proviseurs de lycées et organisez avec eux une projection en lanterne d'exercices de yoga. N'échouez pas dans l'accomplis-

---

1. Considéré comme le mantra le plus sacré des Védas (les textes ancestraux qui sont à la base de la culture et de la religion hindouiste), le mantra Gāyatrī est une invocation du soleil (le dieu Savitar) qui peut être interprétée dans un sens métaphorique comme étant la conscience illuminée par l'Existence, elle-même jaillie du Soleil.
2. Un chapelet hindou, jaïn et bouddhiste. Utilisé pour la récitation des mantras.

sement de cette tâche. Durant mes voyages, j'ai organisé ces projections dans toutes les écoles du Pendjab et de l'Uttar Pradesh. Veuillez m'envoyer, de temps à autre, un rapport portant sur les différentes activités menées. Ne donnez jamais de fausses excuses. Ne vous laissez pas dominer par la timidité. En d'autres termes, ne pratiquez pas un vedanta *de chambre*. Grâce au travail mené dans les écoles et les facultés, des milliers d'esprits incorporent les formations spirituelles (*samskaras*) qui en découlent. Cette spiritualité ne manquera pas de jaillir le moment venu.

« Soyez audacieux. Même les chirurgiens, les juges et les assistants médicaux sont en proie aux tentations de ce monde. Les gens passionnés verront en vous une incarnation divine. Ne soyez pas timorés, exprimez-vous avec noblesse, humilité et sincérité. Vous avez en vous le pouvoir de galvaniser et de subjuguer le public à votre écoute. Une fois sur l'estrade, faites montre de charisme. Que vos paroles retentissent avec enthousiasme, ferveur et passion. Ne négligez aucune opportunité. Tout ce que vous faites en ce moment suffit à élever le monde. N'attendez pas d'être un au sommet de votre érudition tel un pandit pour agir. »

Je reçois de nombreuses lettres émanant des centres où vous vous êtes rendus et avez montré à de multiples occasions et sans tarir d'éloges à votre égard, les films que vous avez rapportés de vos activités. Le travail que vous avez effectué est sans précédent. Aussi, lorsque vous sentez la fatigue prendre le dessus, n'hésitez pas à vous isoler dans votre chambre ou dans un lieu solitaire. Ce changement vous fera du bien. Reprenez des forces en pratiquant une méditation silencieuse dans un endroit retiré et revenez avec une énergie redoublée. Celle-ci doit être régulée ; ne donnez pas tout trop vite. Accordez-vous quelque temps de repos. Apprenez à vous détendre. Retirez-vous pour mieux vous retrouver.

4. Le dévouement à l'égard d'autrui est plus grand que l'acte méditatif

« Le travail que vous accomplissez actuellement est un yoga bien plus essentiel que ladite 'haute' méditation que pratiquent les vedantins aujourd'hui et qui se résume bien souvent à faire la sieste et à bâtir sur du vent. Votre mission relève du grand sacrifice. Œuvrez et rugissez comme un lion. Je vous félicite pour le travail noble que vous avez effectué dans plusieurs de ces centres. C'est là toute Sa Grâce. Ressentez-la. C'est Sa Volonté qui œuvre à travers votre esprit, votre intelligence et votre corps. Soyez-Lui, pour toujours, reconnaissant. Priez pour recevoir Ses bénédictions et Sa clémence. Si des adeptes et des admirateurs se montrent généreux, ne refusez pas leurs dons sous le faux prétexte d'une quelconque réticence envers tout objet matériel (*vayragya*). L'argent est nécessaire pour mener votre mission à bien, pour traiter les malades et pour publier vos recherches. Soyez à la fois le Seigneur du renoncement (Maha Tyagi) et des bienfaits terrestres (Maha Bhogi). Reposez-vous. Ne travaillez pas de manière excessive. Ménagez-vous. Buvez abondamment, respirez l'air pur. Ne vous mélangez pas avec d'autres personnes. Parlez peu et réservez votre parole pour les sujets les plus importants. Puisque vous travaillez dur, prenez grand soin de vous. Buvez beaucoup de lait, manger des fruits, des amandes. Prenez une semaine de repos. Le repos marque une transition dans le travail mais ne signifie pas dormir et gaspiller son temps avec des amitiés stériles ou des flâneries inutiles.»

«Mettez dans votre dévouement tout votre cœur, toute votre bonne volonté, sans relâcher vos efforts, sans rechigner, et sans afficher, même le dimanche, la mine d'un homme qui aurait absorbé trop d'huile de ricin. La tâche n'est pas facile, je vous l'accorde. Mais faites votre possible. Vos efforts se transformeront en yoga pur. Pour cela vous n'avez pas besoin de méditer, ni de répéter le nom du Seigneur, ni de retenir votre respiration. Transformez chacun de vos élans, chacune de vos respirations, chacun de vos mouvements en un yoga pur tel que je l'ai décrit plus haut. Là réside votre dévotion envers le Seigneur car c'est pour Lui seul que vous œuvrez, vivez et respirez. Cultivez cet amour dévotionnel (*bhav)* et vous accéderez, bientôt, à une conscience cosmique. N'oubliez jamais d'œuvrer avec adoration. Œuvrer, c'est aussi faire acte de méditation. Gardez cela à l'esprit. Vous devrez toujours évoluer par le travail et la méditation. Même les tâches les plus ingrates peuvent être Yoga si elles sont effectuées dans l'esprit adéquat. Votre premier devoir est de vous prosterner aux pieds de vos aînés, de vos Maîtres, et de tous ceux qui œuvrent au sein de l'ashram, qu'il soit Aristocrate ou vidangeur de latrines. Ressentez l'unité dont vous êtes le fruit. Soyez joyeux. Endurez les blessures et les insultes. Formez votre esprit à être égal en tous lieux et en toutes circonstances. C'est alors, seulement, que votre force sera grande.

5. Le yoga intégral

Je n'encourage pas un développement oblique mais incite mes disciples à combiner les branches du yoga les plus importantes en mettant l'accent sur un service désintéressé dynamique et l'entretien des vertus, tout en laissant à l'aspirant tout le loisir de former son propre jugement :

« Je ne veux pas vous encourager à rester en ville. Votre santé et votre progrès spirituel sont essentiels. Faites le bilan de ce que vous êtes parvenu à accomplir durant ce court laps de temps. S'il vous reste de l'énergie et si vous pensez que vous pouvez, sans peine, poursuivre le travail, vous pouvez demeurer en ville encore quelque temps. À l'inverse, si vous êtes arrivés au bout de vos forces, faites vos adieux à la vie urbaine. Vous avez le libre arbitre. »

« Je vous conseille cependant de quitter la ville d'ici la fin du mois. Votre progression et vos intérêts risqueraient d'en pâtir. L'heure est à l'isolement. Vous avez maintenant besoin de vous retirer et de vous consacrer pleinement à l'étude, car vos connaissances demeurent superficielles. Votre nature profonde a aussi besoin d'être régénérée. Pour cela, vous devez vous adonner à la sadhana. Afin de vous ressourcer et de redoubler d'énergie et de vigueur pour entreprendre un travail dynamique, vous devez vous reposer et jouir de l'atmosphère paisible de l'Himalaya et du Gange. Les longs séjours en ville doivent être régulièrement suivis d'un retrait dans des lieux isolés. Cela est très bénéfique. Venez donc nous rejoindre et séjourner à l'ashram le temps qu'il faudra. Des visites de courte durée ne vous seront d'aucune utilité. »

« Vous êtes bénis. Le Seigneur existe et réside en toute chose. Il est Celui qui règne en vous et Celui qui doit être accompli. La Vertu (dharma) aboutit à la vision Divine. Le Bien mène à Dieu. L'amour mène à Dieu. Méditez l'Éternel, qui est votre Âme la plus intime, l'*Atman*. Persévérez dans votre sadhana. Plongez en elle à travers la méditation. Entrez dans le silence. Devenez une flamme de Dieu. Par la Vie Divine, accédez à la joie éternelle. Bienheureux celui qui consacre sa vie aux autres, celui-là est béni. À travers vous, Dieu se réalise. Le dévouement purifie le cœur et apporte la lumière divine. Soyez ancrés dans l'Atman qui est le vrai Soi. C'est en cela que réside la vraie sadhana. Proclamez, à travers vos activités de rédaction et de publication, ce pour quoi vous êtes nés. Cela vaut bien mieux qu'une vie dans l'obscurité. Là réside la pratique d'un yoga dynamique et intégral.

Bien que vous soyez en ville, sentez en vous la quiétude de l'ashram, ici, dans les montagnes de l'Himalaya. Le yoga consiste bien en cela. D'après le récit épique du *Mahābhārata*[1], c'est ainsi que le roi Janaka mit le sannyasin Sri Shuka à l'épreuve.»

6. Faire preuve d'une assiduité globale

Je souhaite que mes disciples se montrent globalement assidus dans la propagation du message Divin, le développement de leurs propres qualités divines et l'apprentissage de celles-ci aux autres aspirants.

«Où que vous soyez, donnez, transmettez et disséminez votre vision, vos principes et vos idéaux. Œuvrez pour la diffusion de vos sentiments spirituels. Partagez. Toujours, donnez, donnez, donnez. Donnez tout et ne demandez rien en retour. Continuez à pratiquer votre routine basée sur l'étude et la méditation de manière soutenue. Seul le Brahman, de ce qu'il est Conscience Cosmique, est réel. Débarrassé de vos organes sensoriels (*indriyas*), vous êtes Brahman; «*Tat Tvam Asi*», «Tu es cela». Je ne me lasse jamais de répéter encore et encore ces trois idées. Elles doivent pénétrer jusque dans vos nerfs, vos cellules, vos os, votre sang. Martelez ces paroles dans l'esprit de tous, avec dévotion (*bhakti*) et désintéressement (*nishkama karma*). Que ces trois idées soient toujours inscrites dans votre subconscient (*chitta*). Ce monde, ce corps, sont creux; Ils ne sont que poudre aux yeux, jongleries (*jalaam*) et rêveries (*svapna*).»

«Enseignez les *asanas* à des milliers de gens. Lisez mon article portant sur le célibat (*brahmacharya*) dans toutes les écoles et les facultés en l'illustrant par une démonstration d'*asanas* et de *pranayamas*. Après une méditation en silence de cinq ou dix minutes, chantez Om et le kirtan. Expliquez les termes du yoga et du vedanta à chacun des membres présents. La ville entière sera ainsi chargée de vibrations spirituelles. Une simple étude de mes écrits assortie d'une petite présentation de la terminologie du yoga constituera une base solide pour votre cours de yoga. Je dois ainsi vous rappeler ces quelques devoirs essentiels:

(a) Initiez aux mantras autant d'étudiants que possible.

1. Littéralement « La Grande Guerre des Bhārata », ou « La Grande Histoire des Bharata » est une épopée sanskrite de la mythologie hindoue comportant, selon le décompte de Vyâsa, 81 936 strophes réparties en dix-huit livres. Il est considéré comme le plus grand poème jamais composé.

(b) Familiarisez les étudiants à l'utilisation du japa mala pendant la récitation des mantras.

(c) Organisez, le soir, des sessions de chants bhajan et kirtan.

(d) Instaurez l'étude de la Bhagavad-Gita, de l'Atma-Bodha, du Viveka-Chudamani, des Upanishads et de tous les textes fondamentaux en sanskrit.

(e) Imprimez des brochures à distribuer gratuitement.

« Le jour de l'Ekadashi, organisez un kirtan de masse dans le grand hall d'un bâtiment ou dans un temple et programmez des conférences avec de grands intervenants. Distribuez le *prasad*[1] à la fin de la cérémonie. Enchantez le monde. Où que vous soyez, sachez que vous effectuez un travail sacré et primordial ; vous donnez là, quoique modestement, une vraie leçon de Vie Divine. Vous pouvez réussir, j'en suis convaincu. »

« Vous faites, en effet, un travail remarquable. Quel beau début ! Cette combinaison de japa, de kirtan, d'exercices de yoga, d'étude et de cours est la combinaison idéale. Gardez toujours sur vous un journal à mettre à jour au fur et à mesure. Notez-y toutes les activités à mener. Un tel travail vous permet de progresser, de développer votre intellect, de connaître votre nature, ses inclinations. Ainsi, vous parviendrez à vous concentrer davantage même lorsque votre esprit sera entièrement accaparé. Vous inspirerez et conforterez des milliers de personnes dans leur religiosité. Vous accomplirez la purification du cœur et le yoga dont vous avez besoin pour vous déployer en tant qu'être spirituel. »

« Vous pouvez aussi accomplir un travail solide, réel et silencieux en vous adonnant à des discussions solitaires. C'est là une manière très utile de se préparer et de nourrir son éveil spirituel. Un travail de fond doit être entrepris dans plusieurs localités de la ville. Il ne s'agit ni d'affaires ni d'aveuglement, car c'est Son travail qui s'accomplit à travers votre corps et votre esprit. D'ici cinq ans, vous surpasserez de nombreux professeurs et leaders religieux dans le domaine spirituel, à condition bien sûr d'être sincère et d'effectuer votre mission avec constance et dynamisme »

---

1 Note du traducteur : le *prasad* désigne une offrande de nourriture.

CHAPITRE SIX

L'ashram Sivananda

Problèmes récurrents dans les communautés spirituelles

Seuls les Mahatmas entièrement libres, parfaits et altruistes devraient fonder des communautés spirituelles aux objectifs ambitieux. Si elles sont créées par des individus égoïstes, les institutions religieuses deviennent sources de conflits. Elles sont une menace pour la société et apportent la ruine à ceux qui sont associés à leurs membres. À long terme, à cause de ces institutions et de ces ashrams mal dirigés, les gens perdent la foi en Dieu et en la religion et considèrent tous les Mahatmas comme des pseudo-yogis. Parfois, des individus égoïstes fondent des institutions religieuses comme des entreprises commerciales. Ce sont de mauvais guides.

Parfois, même un ashram créé par un fidèle accompli, avec dès le début des objectifs ambitieux, peut être corrompu plus tard par des motivations extérieures. Ses fondateurs doivent être pourvus d'un don hors du commun pour servir l'humanité. Alors, seulement, un véritable travail pourra être accompli. Lorsque l'intérêt est absent et le Sraddha, présent chez les pensionnaires, il devient difficile de travailler de manière systématique et soutenue. Et surtout, trouver des travailleurs doués et consciencieux est un véritable défi. De nos jours, les disciples n'apprécient que bien peu la valeur d'un service rendu de manière désintéressée. Beaucoup d'ashrams souffrent d'un manque de travailleurs qualifiés.

L'ashram s'est créé de lui-même

Je n'avais jamais envisagé d'ouvrir un ashram. Quand un grand nombre d'étudiants et de disciples se présentèrent à moi dans l'espoir que je devienne leur guide spirituel, je voulus les aider et les rendre utiles à la société. Je mis en place des ateliers afin qu'ils puissent développer des compétences et dans l'intérêt de la communauté. Je leur fournis beaucoup de soutien dans le cadre de leurs études et de leur sadhana et, grâce aux dons personnels de mes admirateurs, je mis en place les structures nécessaires à leur hébergement. Ainsi, je me retrouvai peu à peu entouré d'un énorme ashram

et d'une communauté religieuse soudée ; une grande colonie spirituelle :
SHIVANANDA NAGAR.

Rien de tout cela n'était planifié ni calculé. Je ne fis appel à aucun notable
ni Maharajah pour obtenir des fonds. Le monde appréciait simplement
le service qui lui était rendu. Par la grâce divine, je reçus un peu d'aide
dont j'investis scrupuleusement chaque centime afin d'apporter au monde
le plus grand bénéfice spirituel possible. Chaque année, de nouveaux bâtiments luxueux font leur apparition. Pourtant, il nous est difficile de loger
tous nos résidents et visiteurs qui ne cessent d'affluer. À chaque étape, un
travail impressionnant fut accompli. Mes disciples m'ont souvent incité à
organiser des tournées de propagande afin de récolter des fonds. Une telle
chose m'était impossible. Je prends plaisir à donner et me mettre au service
d'autrui. En 1940, beaucoup d'efforts furent déployés pour organiser un
grand voyage au Pendjab. J'expédiai immédiatement un télégramme pour
l'annuler. Les termes de mon message décrivent l'attitude que j'adopte dans
la gestion des affaires de l'ashram :

« Je me fiche de la prospérité de ma Société de la vie divine. Si elle existe par
la grâce du Seigneur et que nous poursuivons notre sadhana et notre service
avec la bonne attitude, Bhava et Sraddha, Dieu nous aidera. Laissez-moi
accomplir tout mon possible depuis mon petit kutir, sur la rive du Gange.
Lorsque nous aurons du miel, les abeilles viendront d'elles-mêmes. Rejetez
sans scrupules le désir de richesse matérielle. »

En peu de temps, notre communauté a grandi. Des cours de yoga, de bhakti, de vedanta et de médecine se tiennent désormais régulièrement. Aujourd'hui, plus de 300 étudiants vivent à mes côtés avec tout le confort
nécessaire. Ils suivent le chemin du yoga et travaillent à rendre le monde
meilleur de diverses manières. Gloire au Seigneur. Que Dieu bénisse les
apprentis. Des étudiants de confessions diverses viennent de différents pays
pour rester à mes côtés pendant des semaines ou des mois. Souvent, des
disciples viennent des quatre coins de l'Inde assister aux sadhana et satsanga collectifs.

Chacun est le bienvenu

Les écritures recommandent que les candidats de première classe soient
préalablement formés à Viveka, Vairagya, Shat-sampat et Mumukshutya

afin d'intégrer un ashram. Certains cultes orthodoxes sélectionnent leurs apprentis selon un système des castes et insistent pour que leurs étudiants franchissent les quatre étapes vitales, c'est-à-dire Brahmacharya, Grihastha, Vanaprastha, puis sannyasa. Quand des étudiants se présentent devant moi, je ne leur pose pas la moindre question au sujet de leur formation, de leur situation, de leur lignée, de leur caste ou de leurs capacités. J'accueille même les voleurs et les vagabonds, les très jeunes et les personnes âgées et malades. Je sais bien que tous deviendront d'énergiques yogis une fois placés sous la tutelle de sages et de saints, ou par le simple fait d'être autorisés à loger en un endroit rempli de merveilleuses ondes spirituelles.

En toute liberté

Les ondes spirituelles qui émanent de l'ashram ont l'effet hautement salutaire d'inciter les gens à suivre la route du yoga. Des milliers de personnes firent l'expérience de ce bienfait. Je n'impose ni règlement ni restriction aux disciples souhaitant rester à l'ashram. Ils sont libres de venir aussi nombreux qu'ils le désirent, de rester aussi longtemps qu'ils le souhaitent et de sortir à l'instant où ils en ont envie. Je n'exige de leur part aucun travail, service ou aide quelconque. Je leur permets de poursuivre leur étude et leur sadhana par eux-mêmes et leur apporte toute l'aide possible.

Nos aspirants les plus dévoués, qui savent apprécier le service que nous leur rendons dans l'intérêt de leur développement personnel, passent tout leur temps à mener à bien des tâches importantes et gèrent habilement les affaires de la Société. Pour eux, tout cela n'est que yoga. Tous sont des yogas Bhrashtas, de véritables modèles vivants pour le monde entier. Des milliers d'aspirants ont intégré l'ashram. Après avoir reçu l'enseignement adéquat, plusieurs centaines le quittèrent afin de s'isoler pour un sadhana intensif tandis que d'autres ont trouvé un travail dynamique en ville ; pourtant, l'ashram est toujours plein et chaque jour, au moins une douzaine de candidats très érudits viennent se présenter, très désireux de vivre parmi nous. Assister au Satsanga et se baigner dans l'eau du Gange leur fournit une aide mystérieuse. À force de travail, ils entrent tous en contact rapproché avec moi et apprennent beaucoup en peu de temps. Rapidement, ils développent toutes les qualités divines sans grand effort et deviennent de grands yogis.

Miracle des miracles

Comment faire vivre un ashram spirituel dans ces conditions ? Beaucoup
sont bien en peine de se l'expliquer. Cela semble miraculeux aux yeux du
monde. Les gens sont déstabilisés à cette idée. Je ne me fais pas le moindre
souci si les secrétaires et gestionnaires de l'ashram viennent souvent me
présenter une longue liste de dettes d'un total d'un lakh[1] de roupies. Les
gens sont proprement stupéfaits, quand, en dépit de cet endettement,
j'approuve l'acquisition de plusieurs imprimantes automatiques pour les
Presses universitaires ou des derniers modèles d'appareils photographiques,
d'élargisseurs et de projecteurs haut de gamme pour notre studio, ou encore
la construction de halls, de temples et de ghats[2] sur la rive du Gange.

Les pensionnaires se plaignent qu'on leur offre plus de nourriture et d'infrastructures que nécessaire. Ils se sentent très privilégiés et épanouis. Certains ressemblent peut-être à des villageois ordinaires, d'autres n'ont probablement pas bénéficié d'une grande éducation. Mais pour moi, chaque
pensionnaire de l'ashram est un saint, doté de merveilleux talents cachés.
Les hautes personnalités qui viennent visiter l'ashram sont ébahies devant
la remarquable évolution des étudiants. Souvent, ils s'interrogent : « Cher
Swamiji Maharaj, comment parvenez-vous à dénicher autant de personnes
de talent ? »

Ai-je déjà chassé, critiqué ou rabaissé de l'un de mes pensionnaires ? Jamais.
Lorsque je reçois des plaintes sérieuses au sujet d'un Sadhaka[3] qui pertur-
berait la sérénité ou le bon fonctionnement de l'ashram, je lui demande d'en
sortir et de vivre à l'écart de notre institution, dans quelque endroit adéquat.
Je lui donne suffisamment d'argent pour couvrir ses dépenses de déplace-
ment ainsi qu'une note de présentation pour que les disciples lui viennent
en aide. Je lui donne quelques conseils spirituels au moment de son départ
et je prie pour lui et pour son salut. Quelques jours ou semaines plus tard,
il considère l'ashram comme son doux foyer et revient dans de meilleures

---

1. 100 000

2. Un ensemble de marches ou de gradins qui recouvrent les rives des cours d'eau ou les
berges des bassins ou tanks. Ils permettent de descendre au contact de l'eau, le plus souvent
d'un fleuve sacré, par exemple le Gange.

3. Quelqu'un qui suit une pratique, un cheminement spirituel particulier ou un mode de vie
conçu pour atteindre son idéal ultime, qu'il fusionne avec sa source éternelle, brahman ou
réalisation de la divinité personnelle.

dispositions. Je l'accueille chaleureusement. J'oublie facilement le passé. Je ne suis pas rancunier. Je permets aux désœuvrés, aux pessimistes et même à ceux qui me critiquent et cherchent à nuire à la gestion de l'établissement d'y demeurer. Après un bref séjour, ils sont miraculeusement transformés. Je lis la joie et le bonheur sur leur visage.

Comment il convient de traiter les disciples

Je suis d'une générosité infinie et spontanée et ressens amour et affection pour tous les apprentis yogis, peu importe leur âge et leur sexe, leurs qualifications et leurs compétences. Je suis très fier de ceux qui pratiquent le japa, la méditation dans une moindre mesure ou toute forme de charité à l'égard de la société, des malades et des pauvres. Je donne l'opportunité à des personnes de tous horizons de vivre à l'ashram et d'évoluer par la sadhana ou d'œuvrer pour l'élévation spirituelle de l'humanité. Je traite avec le plus grand soin les personnes âgées, les jeunes aspirants et les personnes malades et vulnérables. Lorsque je leur distribue des fruits et des sucreries, je pense d'abord à eux avant d'en prendre une petite partie pour moi-même.

Je me revois apporter du lait et du fromage blanc aux vieux sâdhus de Swargashram, leur laver les jambes et offrir des médicaments aux malades. Aujourd'hui encore, avant de me restaurer, j'envoie une partie de ma propre nourriture à des étudiants sannyasi et aux visiteurs de l'ashram. Pendant des années, j'ai moi-même apporté une partie de ma nourriture à quelques personnes qui travaillaient beaucoup, mais mangeaient peu et étaient en très mauvaise santé. Plus tard, quand la tâche se fit bien plus importante, je gardai toujours près de moi deux jeunes Brahmacharis afin qu'ils distribuent des fruits et des biscuits à tous les pensionnaires de l'ashram. On ne posait pas simplement cette nourriture dans leur chambre à la manière dont les gens du monde accordent une charité méprisante. Le Bhav m'était témoin ; par cette action, je servais le Seigneur. Tout d'abord, je me prosternais, puis leur offrais des vivres.

Lorsqu'occasionnellement, j'envoie de l'argent, des livres ou de la nourriture à mes étudiants en apprentissage ailleurs, j'ajoute toujours la mention « Que ceci ait la grâce d'être accepté ». Dans la quête spirituelle du Bhav, la sincérité et l'intention sont primordiales. Cela me vint naturellement, je n'eus pas à l'acquérir consciemment par l'effort. Ma générosité était bien différente de celle intéressée d'individus égoïstes cherchant à se couvrir de gloire. Cette vertu, cette volonté de venir en aide aux malades, aux pauvres et aux plus vulnérables en toute humilité est mon yoga et cette seule vertu m'a permis de développer toutes les qualités divines et de voir le Seigneur en chaque chose et chaque personne.

La solidarité et l'amour de chacun

Par l'action du Prarabdha ou du Vikshepa spirituel, l'envie de plaisirs charnels ou de quelque forme de luxure ou encore un désir de contempler divers paysages, une partie des résidents cherche à quitter l'ashram. Après quelques années passées parmi nous, certains étudiants de niveau avancé apprécient de pouvoir acquérir de l'expérience par la méditation dans les contrées de l'Himalaya. Je les admire et fais tout mon possible pour les y aider. Tous vivent de la mendicité, mais je leur envoie également de l'argent pour qu'ils puissent s'offrir du lait et des fruits. Certains étudiants téméraires souhaitent se mettre au service de l'humanité et voyager pour enseigner partout dans le monde. Alors j'organise des conférences sur la spiritualité et envoie ces étudiants dans différentes institutions.

Par le passé, certains disciples intelligents et avides me dénigrèrent et causèrent du tort à l'ashram et à l'Himalaya dans son entier, provoquant l'indignation générale. Je les bénis, priai pour qu'ils soient touchés par la grâce, la connaissance, la compréhension et la force spirituelle. Mais irrémédiablement, tous quittent l'ashram pour y revenir, profondément changés. Je les accueille avec tout mon amour et toute mon affection. J'oublie rapidement le passé. Un homme peut partir cent fois et revenir. Mon amour de l'humanité est plus grand. Nul obligation, règlement ou restriction ne sont la solution pour transformer des hommes en êtres divins. Il leur faut se forger leur propre expérience.

Chacun, au sein de l'ashram, est chargé d'effectuer des tâches importantes. Lorsque les disciples s'absentent subitement, le travail en souffre, cela va sans dire. Une telle absence causera bien du désordre si de nouvelles personnes sont contraintes de prendre la relève. Une telle carence peut se traduire par un important préjudice. Je ne me soucie que de l'accomplissement, du bien-être, de la formation et de la tranquillité d'esprit de chacun. Je ne m'oppose donc pas au départ de toute personne désireuse de nous quitter.

Attention et considération accordées à chacun

Certaines lettres que j'adressai il y a bien des années à mes disciples étudiant sur d'autres sites témoignent du soin que je leur accorde :

I. Sri A. fait des progrès impressionnants. Il dirige actuellement les Acharyas de la cuisine. Il est également notre dactylographe en chef. Veuillez avoir l'obligeance de lui fournir en mon nom un jeu d'Upanishads, un stylo à plume et un exemplaire de *Pratique du Vedanta*.

II. Veuillez prendre grand soin de Sri. S.R.C. Il est d'ores et déjà en mauvaise santé. Il commence à émettre des plaintes. Il mange peu. Ayez la gentillesse de lui offrir des biscuits salés et des fruits secs. Il n'apprécie pas la nourriture sucrée. Puissiez-vous toujours vous soumettre aux commandements du Seigneur.

III. Si à quelque moment que ce soit vous avez besoin d'argent, écrivez-moi sans tarder. Ne sacrifiez pas votre santé au nom du Tapasya. Faites comme bon vous semble. Mais faites bon usage de votre temps. Que Dieu vous bénisse.

IV. Comment se porte votre santé ? Consignez toutes vos expériences et racontez-moi de quelle manière vous avez passé les dernières vingt-quatre heures. Mon cher Yogiraj, vous pouvez vous en retourner à l'ashram à tout moment. Il s'agit de votre foyer spirituel. Pour pratiquer une sadhana parfaite et ininterrompue, il vous faudra les choses suivantes :

(a) Une bonne santé, procurée par la prière, le repos et la relaxation, accompagnés d'une alimentation agréable et de sadhana.
(b) Un endroit calme et tempéré parcouru d'ondes spirituelles.
(c) Des repas simples à intervalles réguliers.
(d) L'aide de personnes âgées et les conseils d'étudiants chevronnés du yoga ou d'un gourou.
(e) Des infrastructures médicales, en cas de besoin.

Tout cela garantit un progrès spirituel rapide. Sans inquiétude d'aucune sorte, vous connaîtrez une progression remarquable dans la pratique du yoga. Par ailleurs, vous bénéficiez de tous les éléments mentionnés ci-dessus, à l'ashram. Puis-je vous envoyer de l'argent pour votre voyage en train ? Cordiales salutations.

Encourager et conseiller

Je suis toujours reconnaissant envers ceux qui ont contribué à la Mission divine. Je ressens une immense gratitude à leur endroit et suis toujours prompt à les couvrir de louanges. Je veille en outre à ce que les besoins personnels de mes étudiants, leur santé et élévation spirituelle soient comblés. Il y a quelques années, j'écrivis à l'un de mes apprentis :

I. Prenez grand soin de votre santé. Vous ne pouvez pas vous contenter de vivre d'herbe, d'eau et d'air. Renoncez à cette idée au plus vite. Ayez une alimentation nourrissante et mangez des fruits riches en vitamines. Apprenez à pratiquer la relaxation. C'est très important. Faites des promenades longues et dynamiques. Vous avez fait du bon travail cette année à l'atelier des impressions. Ce labeur est amplement suffisant. Tout est l'expression de la volonté et de la grâce divine. Ressentez cela. Vous sentez-vous bien là-bas ? Puis-je vous envoyer de l'argent pour couvrir vos dépenses personnelles ? Le lait et la nourriture consistante sont indispensables à ceux dont la lourde tâche est de dispenser leur savoir ou qui s'astreignent à une sadhana rigoureuse dans la solitude.

II. Vous avez accompli des miracles. Il ne s'agit pas là de flatteries. Vous avez dépassé toutes mes espérances. Évitez le surmenage. Économisez votre énergie. En cas de fatigue, prenez le temps de vous reposer dans les faubourgs. Lors de l'Ekadasi, pratiquez le kirtan en différents endroits. Donnez des cours hebdomadaires. Dialoguez en silence avec vous-même. Ainsi, votre influence sera plus importante. Ne logez jamais chez un propriétaire. FUYEZ LES JEUNES FEMMES. Il ne doit y avoir ni jeu ni plaisanterie entre elles et vous.

III. Ne craignez pas les rigueurs du froid à Rishikesh. Ne vous alarmez pas inutilement. Vous pouvez utiliser mes couvertures. Allez chercher du lait et du thé à l'épicerie, faites-le en mon nom. Puissiez-vous apprécier le Repos de l'Éternel.

IV. Reposez-vous. Ne travaillez pas trop. Faites chauffer des huiles, laissez-les refroidir, puis appliquez-en sur votre tête. Pratiquez le pranayama aux petites heures du matin, quand il fait frais. Cela vous redonnera beaucoup d'énergie. Mangez des fruits. Ne négligez jamais la méditation du matin ni celle du soir. L'objectif du sannyasi est l'accomplissement du Vedanta,

Aham Brahma Asmi. Le Brahma Nishtha est votre nourriture et votre eau, il est tout. Vous pouvez le pratiquer dans le même temps que le Karma Yoga.

J'ai un immense respect pour le sanskrit et j'encourage mes disciples à l'étudier (du moins ceux qui semblent en être capables), même si l'ashram doit financer ces études. Un jour, j'écrivis à l'un de mes étudiants le message suivant :

« Si je possédais un fantôme ou un arbre dont des feuilles formeraient des billets et des pièces, je pourrais facilement contenter mes résidents désireux d'apprendre le sanskrit. Leurs besoins sont infinis. Je me dois de leur venir en aide. Leurs travaux de recherche sont remarquables et leur étude, sérieuse. Mais elle sera considérablement impactée si on ne leur fournit pas de livres. Avec l'aide de nombreux étudiants, j'aspire à fonder une école de sanskrit et à mettre en place tout le confort nécessaire aux travaux de recherches des étudiants sannyasi en littérature sanskrite. Il faut faire preuve de miséricorde et se mettre en service des autres, même au prix de nos désirs personnels. Telle est ma nature innée. Tel est le Dharma d'un saint. »

Les compromis

Lorsque l'un de mes étudiants quitta l'ashram pour des raisons qui lui étaient personnelles, je me fis tout de suite la réflexion qu'il fallait que son expérience et ses compétences continuent de profiter à l'humanité. Alors, je lui écrivis ceci :

« Je vous avais envoyé de l'argent pour couvrir vos dépenses personnelles. Il me fut renvoyé avec la mention "A quitté les lieux". Je suis à tout moment à vos pieds, prêt à vous rendre service. Vous vous contentez de refuser mon aide. Pourquoi dépendre de qui que ce soit alors que je suis prêt à vous fournir toute forme d'assistance ? Pourquoi vivre en ville, au milieu de tous ces bourgeois ? Ici, il y a bien des missions que je peux vous confier. Vous pourriez travailler légèrement, doucement, lentement, peu, sans interagir avec personne, de manière indépendante, en contact avec nul autre que moi.

« Tous les ateliers de travail manquent de main-d'œuvre et d'une supervision efficace. Même si vous vous chargez uniquement d'une petite partie de la correspondance, votre travail profitera grandement au monde. Vous pouvez m'aider de mille façons. Ne travaillez pas aussi dur qu'auparavant.

Travaillez peu, n'endossez aucune responsabilité. C'est là la grâce et la béné-diction divine. Prenez beaucoup de repos et travaillez un peu. Vous pouvez demeurer en dehors de l'ashram. Je ferai amener votre nourriture dans votre chambre. Je vous donnerai de l'argent pour couvrir vos frais.

« Ici, les vivres ne manquent pas pour vous nourrir. Je ne refuse de la nour-riture à personne. Pourquoi voudriez-vous vivre en ville ? Vous perdrez peu à peu toutes vos facultés si vous n'en usez pas. Le milieu mondain n'est pas propice à l'élévation spirituelle. Venez donc à Rishikesh. Puis-je vous en-voyer de l'argent pour le train ? Si vous le souhaitez, vous pourrez vivre six mois ici et six mois en ville.

« Si vous changiez un tant soit peu vos opinions, votre vision des choses, vos espoirs et votre attitude, vous pourriez être heureux, ici comme partout ail-leurs. L'homme souffre d'user de son imagination et de cette habitude mil-lénaire de penser. Il refuse de changer. C'est une mentalité maya. S'adapter. Soyez heureux et joyeux à tout moment. Évoluez rapidement, devenez un yogi actif et apportez la Lumière et la Connaissance au monde entier. »

Qui peut fonder un ashram

Un ashram est une noble institution visant à assurer la paix dans le monde. Nombreuses sont les personnes de bonne foi qui fondent des ashrams avec de nobles intentions. Mais cela ne suffit pas. Un ashram fondé par un novice n'apportera aucun bienfait à l'humanité. Pour bien gérer une telle structure, il faut s'armer de compétences particulières ; une barrière pour les novices et une régression radicale pour les étudiants chevronnés. Il y a bien longtemps, un groupe de sannyasins m'écrivit pour me demander un appui financier et des conseils afin d'améliorer le service de son ashram. Voici ci-dessous la réponse que je fis à l'un d'entre eux. Elle exprime clairement ma posture et mes principes :

« Cher Swamiji, Vos succès, Vos ambitions, aspirations et objectifs sont louables. Ô Swamjii, ne recherchez nulle reconnaissance, nul confort, nulle célébrité, ni gloire lorsque vous fondez un ashram ou une société religieuse. À l'aube de l'existence de leur établissement, les fondateurs d'ashram sont d'ordinaire modestes et désireux de venir en aide à leur prochain. Une fois riches et réputés, ils se détournent des autres et de l'accomplissement de chacun. Ils se laissent aller à l'impudence et au despotisme. Gardez-vous bien de ces tentations et agissez toujours en humble Sevak. Ne laissez pas votre quête d'accomplissement personnel vous écarter de la pratique quotidienne de la sadhana.

« Je ne connais nul Rajah ou Zamindar fortuné. Je n'ai nul disciple. Quelques aspirants en quête d'un véritable enseignement spirituel me considèrent comme leur gourou. Je prends grand soin d'eux. Voilà tout. Je ne peux vous fournir aucun soutien pécuniaire. Par l'intermédiaire de tous les ashrams, mutts et institutions religieuses, je m'efforce de servir le monde de bien des manières.

« Si vous vous mettez au service d'autrui de manière altruiste, si les gens voient en vous l'esprit de sacrifice, alors ils se dévoueront spontanément pour vous venir en aide en toute chose. Ne remuez pas ciel et terre en quête d'argent. Ne mettez pas en jeu le fruit de votre travail au Derby Sweep. Jamais un sâdhu ne devrait envisager de telles solutions.

« De nos jours, les aspirants ne font pas grand cas de leur évolution spirituelle. Ils se rasent la tête, teignent leurs vêtements, s'établissent à Rishikesh et le public croit voir en eux de grands yogis. Ils commencent alors à récolter des fonds pour ouvrir des ashrams, cela dans le but de mener une vie confortable.

« Il y a bien assez d'ashrams et de mutts en Inde. Rares sont les chefs spirituels dévoués et sincères. Avant d'ouvrir un ashram, il faut avoir mené une vie exemplaire. Par sa seule présence, le fondateur potentiel doit apporter à chacun paix, puissance et félicité. Alors seulement, il devient à même de diriger un ashram.

Ne jamais se détourner de ses principes

« Avant la création d'un ashram, les maximes et ambitions sont sans conteste nobles et séduisantes. Aussitôt qu'arrivent la richesse et la renommée, les idéaux sont oubliés. L'altruisme s'émousse. Les objectifs initiaux sont délaissés. Les fondateurs de tels établissements n'aspirent qu'à mener une vie confortable, entourés de quelques disciples et fidèles privilégiés. Même en postulant que ces fondateurs sont capables de mener une vie exemplaire, leurs disciples ne sauront pas mener la leur dans le même esprit, plus tard. Leur institution se muera en un foyer de discorde ou une véritable entreprise commerciale. Tant les pensionnaires que le directeur d'un ashram doivent mener une vie de Vairagya, une vie d'ascétisme absolu. Ainsi fréquenté, l'ashram devient un centre, un refuge de paix perpétuelle, de joie et de félicité. Il attire tout le monde. Il se fait l'inspiration de millions de personnes dans le monde entier, qui a constamment besoin d'ashrams de tels ashrams.

« Aucun sannyasi ni disciple du yoga n'est exempt de défauts. Seul un yogi confirmé est totalement dépourvu de vices et de faiblesses. Tous sont en voie d'apprentissage. Tout être humain est susceptible de se tromper, parfois très souvent. Faites preuve de tolérance. Voyez le bon en toute chose. De légers conflits ou tensions sont inévitables, entre amis comme entre collègues, de même qu'entre sannyasins, parfois. Il faut se pardonner mutuellement, ressouder les liens et laisser le passé derrière soi. Préoccupez-vous toujours uniquement de la bonté d'autrui et tâchez de la faire grandir chaque jour un peu plus. Nul n'est entièrement mauvais. Ne perdez jamais de vue cela. Il convient de faire preuve de souplesse lorsque l'on se mêle aux autres. Maîtrisez parfaitement vos pulsions. Alors, seulement, davantage d'ouvriers seront heureux de vivre à vos côtés et d'être au service de votre ashram. Puisse la mission que vous vous êtes fixée être glorieusement accomplie. Je me ferai toujours une joie de vous porter assistance. »

CHAPITRE SEPT
Lumière sur Le Chemin du Renoncement

La Gloire du Renoncement

Les anachorètes, de toutes religions qu'ils soient, mènent une vie de solitude et de méditation. Ils sont les Bhikkhu dans le bouddhisme, les Fakirs dans l'islamisme, les Fakirs soufi dans le soufisme et les Pères et les abbés dans le christianisme. Si des moines ne vouaient pas une vie de renoncement et de servitude au monde, la gloire de toute religion serait perdue. Ce sont eux qui préservent les religions du monde. Ils apportent réconfort aux ménages lorsqu'ils se trouvent en détresse. Ce sont les prêcheurs de la paix et de la sagesse. Ils soignent les malades, consolent les délaissés, apportent de l'aide aux désespérés, joie aux déprimés, force aux faibles et savoir aux ignorants. Un vrai sannyasin peut changer les courants de pensée du monde, et ce pour le meilleur.

Un vrai sannyasin est un puissant potentat de cette terre. Les sannyasins ont fait de sublimes travaux par le passé et réalisent aujourd'hui des merveilles. Un vrai sannyasin peut changer le destin du monde entier. Je danse de joie lorsque je vois, lorsque j'entends, un aspirant qui entretient une sincère dévotion, aspiration et inclination au regard du chemin du renoncement et qui essaie de s'extraire de ce bourbier qu'est le samsara. De par les prières et les courants de pensée, je suis très proche de ces élèves et je les aide beaucoup. Ils sont tous attirés vers moi et quittent rapidement le monde, avec beaucoup d'espoir pour le futur. Je les accueille avec beaucoup de joie et les entraîne avec gentillesse jusqu'à ce qu'ils soient capables de se tenir fermement dans la voie du Yoga.

La jeunesse, propice au renoncement

Dans les manuscrits, l'ordre de sannyasa qualifie ceux qui ont passé les trois stades de la vie : le Brahmacharya, le Grihastha et le Vanaprastha. Ainsi, le sannyasa est adopté à un âge avancé, à l'aube de la mort. Il est important d'être en paix à l'heure de sa mort. De ce fait, on peut espérer une belle naissance. Par l'expérience, j'ai compris qu'une énergie phénoménale était nécessaire à la contemplation, à une vision clairvoyante, mais aussi à une extraordinaire pureté du corps, de l'esprit et du cœur. Je considère que la jeunesse, débordante d'énergie et pure d'esprit, est la période la plus propice au chemin du renoncement. Toute mon admiration se porte sur ces jeunes Brahmacharis qui n'ont aucune attache matérielle ni intrication à quoi que ce soit. Ils peuvent facilement être éduqués.

Viveka, Vairagya, Shat-sampat and Mumukshutva sont, selon les manuscrits, les premiers concepts à acquérir par les étudiants. En vivant dans un environnement matériel, débordant de responsabilités, d'anxiété et d'inquiétudes, une personne ne peut acquérir ces concepts. Au moment où une vertu est intégrée ou qu'elle tente de supprimer un défaut ou fléau de l'esprit, elle se perd dans une autre direction. Les vibrations du monde matérialiste ne sont pas favorables aux premiers stades du développement spirituel. Beaucoup d'énergie doit être dépensée afin de résister aux tentations. C'est pour cela que je préfère les jeunes. Les concepts nécessaires viennent d'eux-mêmes une fois qu'ils ont emprunté les voies du Yoga, dans une atmosphère propice, côtoyant des Yogis, loin des tentations et des attractions que provoque le monde matériel.

Aucune Condition Stricte

J'accueille chaleureusement tous types de personnes. Les vieilles personnes peuvent se baigner dans le Gange, passer leur temps à prier et chanter le Bhajan, et apprécier les bienfaits du satsanga. Les jeunes évolueront rapidement dans une sadhana dynamique, et apporteront le bien spirituel au monde. Si certains montrent un peu de dégoût à l'égard des plaisirs sensuels tout en appréciant les voies du Yoga, je leur donne d'une part le sannyasa et, d'autre part, je partage avec eux ce que je possède et les encourage dans une large mesure.

Il est surprenant pour beaucoup de voir que j'initie également par courrier. Certains étudiants qui sont dans l'incapacité de se rendre en Himalaya sont entrés dans le sannyasa en recevant un totem sacré et les instructions par courrier. Je ne peux pas rendre compte pleinement de leur joie. Ils ont fait de merveilleux progrès. Je les suis de près.

Toutes les donations volontaires que je reçois d'adeptes pour mon usage personnel, je les dépense en confort et commodités pour les étudiants pour leur paix et leur bien-être, en créant des centaines de voies à travers les-quelles ils peuvent rapidement évoluer et aider le monde de nombreuses manières. Dans ma façon de travailler pour l'élévation spirituelle de l'humanité, j'autorise même les personnes mariées à emprunter le chemin du renoncement et à vivre comme des sannyasins. Beaucoup d'entre eux ont atteint le stade sannyasa alors même qu'ils avaient une famille et des enfants. Après avoir atteint ce niveau, ils retournent près de leur famille pour en prendre soin de façon plus détachée et prospèrent glorieusement dans leur sadhana.

Dans ma méthode, tout réside dans le fait que je recherche la pureté intérieure de celui qui est en quête. Je n'impose pas trop de règles en ce qui concerne les codes vestimentaires et alimentaires. La conformité visuelle n'a pas grande importance. Mes étudiants peuvent vivre n'importe où, habillés comme ils le souhaitent tout en suivant positivement mes instructions. Ils montrent l'exemple au monde entier. Gloire à la vérité, à l'idéal sannyasin qui mène une vie exemplaire. Ce monde a besoin d'un idéal Sannysin qui servira la terre et l'humanité par sa divine conscience, diffusera le vrai savoir, et portera le message des Saints dans chaque foyer. Puissent les sannya-sins, les gardiens du savoir divin, les porteurs de la Vérité, les phares de ce monde, les pierres angulaires des édifices spirituels et les piliers centraux du Dharma ou de la religion éternelle, guider les peuples du monde.

Ceux qui sont aptes à être mes disciples

Bien que je donne beaucoup de libertés en ce qui concerne les vêtements et l'apparence extérieure, je suis très strict avec mes étudiants au regard des choses essentielles. Les règles prescrites par l'Ordre du sannyasa doivent être respectées. C'est la seule condition qui leur permettra de briller tels d'au-thentiques sannyasins. Le doux sannyasa est dangereux. Ils ne devraient pas être indulgents sur le cas de l'esprit. Les sannyasins à la mode, indépendants sont une menace pour la société. Les peuples maudissent de tels sannyasins et les traitent avec mépris et dédain. Ces derniers, bien qu'exaltés dans les hauteurs spirituelles, ne devraient pas vivre en compagnie de femmes ou de ménages, mais plutôt se mélanger librement aux autres. Atteindre le Vai-ragya en vivant simplement, en se vouant à une grande réflexion, tel doit être leur idéal tout au long de leur vie.

Le renoncement est bien sûr mental. Cela ne veut pas dire que vous pouvez vivre à votre guise et faire n'importe quoi. Ceci causerait votre perte. Aspirez à la perfection en suivant les règles traditionnelles de disciplines et de contrôle des sens et de l'esprit. De la discipline dans l'alimentation et la façon de s'habiller se manifestera naturellement si vous êtes sujet à un profond Vairagya et un authentique détachement. Le respect externe des règles vous aidera à rester dans la voie. Le Maya, l'illusion cosmique, fait des ravages. Le Maya trompe. Prenez garde. Soyez prudent à chacun de vos pas et suivez le vittris de l'esprit.

Mes disciples ne doivent avoir aucun sentiment de supériorité. Ils ne sont pas des philosophes conservateurs qui passent leur temps à prêcher seuls. Ils ont le don de soi et servent le monde de leur intense et silencieuse sadhana. Au cœur de ce service dévoué, ils apprennent à river leur esprit sur le Lakshya. Ils sont bercés par cet idéal : « Le monde est un long rêve (Deergha Svapna), périssable—Seule la Vérité est Réelle.» Aux yeux de mes étudiants, il n'y a pas de monde. Ils perçoivent le caractère divin dans chaque nom, chaque forme.

Purifier la nature intérieure.

Purifie ton esprit. Développe des qualités sattviques telles que la noblesse, le courage, la magnanimité, la générosité, l'amour, la franchise et la sincérité. La perfection éthique est indispensable à la réalisation de soir. Aucun entraînement, si conséquent qu'il soit, n'est valable si l'aspirant ignore cette partie de la sadhana. Aime tout. Prosterne-toi devant tout un chacun. Deviens humble. Aie une parole aimante, bienveillante et attachante. Abandonne l'égocentrisme, la fierté, l'égoïsme et l'hypocrisie. Régénère ta nature la plus profonde.

Tu sauras, grâce à l'auto-introspection, si tu cherches la vraie liberté, la vraie libération, ou si tu es curieux à propos des choses divines ou alors si tu as un désir caché de gagner de l'argent, un nom et la célébrité en exposant tes pouvoirs spirituels. Deviens sincère. Toutes les qualifications viendront à toi lorsque tu seras en compagnie de personnes évoluées et que tu vivras dans une atmosphère chargée de vibrations spirituelles.

Attitude à l'égard des femmes

J'ai grande adoration et prostration à l'égard de toutes les femmes, qui sont la manifestation de la Mère Divine, Sakti ou Kaali. Elles sont la charpente de la société et les garantes de la religion. Si elles sont inspirées, alors, le monde entier le sera également. Elles ont un instinct religieux singulier. Elles ont des qualités divines naturelles, innées. Dans l'ancien temps, les femmes hindoues vivaient aussi une vie de célibat, servaient les Rishis, méditaient sur l'Atman et atteignaient le Brahma Jnana. Autrefois, il y avait beaucoup de Siddhas, de Brahma Jnanis, de Vairagis, de Bhaktas et de Yogis expérimentés parmi les femmes. Par leur pureté et leur perfection, elles pouvaient accomplir des choses miraculeuses lorsqu'elles utilisaient leur pouvoir spirituel. Des exemples de résurrection existent, de femmes qui empêchent le soleil de se lever, mais également qui maîtrisent les éléments. Aujourd'hui encore, vous pouvez trouver beaucoup de femmes à Rishikesh, Haridwar, Brindavan, Banaras et dans d'autres lieux sacrés, qui ont renoncé au monde et emprunté la voie du Yoga.

Je ne déteste personne. Je vénère la femme comme mon égal. Je considère la femme comme la Mère Durga, ou la Mère Divine. Les femmes sont des forces dynamiques sur cette terre. La religion se nourrit de leur piété. Afin d'enthousiasmer les jeunes, j'ai beaucoup écrit sur la nature périssable du corps physique des femmes. C'est tout simplement pour développer chez eux un fort Vairagya et les aider à contrôler leurs sens ainsi que leur esprit. Bien que j'aie dû donner une description négative des femmes pour profiter à l'apport du Vairagya, j'ai beaucoup de vénération pour elles. Je les sers. J'ai fait des Kirtans avec elles dans différents Sankirtan Sammelans dans le Punjab et l'Uttar Pradesh. Beaucoup de femmes viennent de Delhi à l'Ashram, ou dans d'autres endroits, même si elles n'ont que deux ou trois jours de disponibles. Elles viennent en groupe et se joignent au satsanga quotidien et s'imbibent de paix et de félicité : l'Ashram reste en elles pour des jours, voire des semaines.

Les femmes devraient-elles renoncer au monde

Il est évidemment compliqué pour les jeunes femmes de s'intégrer dans la lignée sannyasa. Elles n'ont pas la même liberté et la même autonomie que les hommes. Les hommes peuvent vivre, bouger et dormir n'importe où. Ils peuvent aller de portes à portes afin de faire l'aumône et rester en vie. Mais les femmes, quant à elles, sont en grand désavantage, ce dont elles souffrent naturellement. C'est bien dommage qu'il n'y ait pas beaucoup d'institutions d'idéaux pour les femmes en Inde où elles peuvent vivre en paix, servir le monde et s'élever. Les institutions d'idéaux munies de tout confort et commodité pour les femmes qui sont spirituellement inclinées sont plus que nécessaires aujourd'hui. Depuis trop longtemps, ce travail a été négligé.

Je reçois des lettres de femmes grandement cultivées exprimant un désir de rejoindre la voie du renoncement. En 1936, j'ai répondu à une adepte en lui donnant les suggestions suivantes :

« Je ne peux prudemment vous orienter vers un Ashram, quel qu'il soit, où vous pourrez vivre en paix et vous élever. Vous pouvez récupérer un pécule décent auprès de vos parents et l'investir dans une banque. Vous pourrez vivre une vie simple grâce aux intérêts que vous récupérerez du dépôt. C'est la meilleure manière. Après, vous pourriez vivre dans un Ashram peuplé d'âmes expérimentées, des Mahamatas[1], ou bien vivre avec des femmes âgées au caractère religieux. Accordez tout votre temps à l'étude des Upanishads, du Gita et de la sadhana. Maîtriser le Kirtan et le Bhajan. À mesure que vous évoluerez dans le chemin spirituel, vous pourrez aller de village en village, élever les masses et développer le Bhakti en eux. Le monde vous vouera un culte si vous agissez ainsi. Si ceci n'est pas possible, vous pouvez toucher une pension mensuelle de votre frère. Ceci vous rendra dépendante de lui et vous acquerrez une mentalité de penchant en comptant chaque mois sur sa sympathie. Ceci n'est pas bon.

Si vous êtes résolue à suivre le chemin du renoncement, mais que vous n'avez pas les moyens de vous y consacrer de façon indépendante, vous pouvez donner des leçons particulières à de jeunes filles. Leurs parents subviendront en retour à vos besoins. Je ne veux pas dire par là que vous devriez devenir une maîtresse d'école qualifiée, ou une bonne d'enfants. C'est un usage qui appartient au monde. Cela prendrait tout votre temps et vous ne pourriez plus accueillir une sadhana intense et régulière. Les tentations du monde vous affecteraient à long terme, le Vairagya s'éloignerait peu à peu. Le luxe et le confort vous pervertiraient. Vous en oublieriez votre but

---

1. Grandes âmes

initial. Vous ne seriez plus capable de garder cet esprit et le Bhav[1] que vous avez aujourd'hui si vous meniez une vie confortable et que vous intégriez les mondanités. Soyez inflexible. Ne changez jamais votre esprit. Ayez une foi aveugle en Dieu.»

Le Service aux femmes

«Cette mission de service aux femmes sincères me tient beaucoup à cœur. Je n'ai pas d'argent. Je n'ai aucun don pour ce qui est de collecter de l'argent public, des Rajahs, des Zamindars, des hommes d'affaires. Je ne fais pas la quête dans les rues au nom du service public. De temps en temps, je reçois de l'argent d'adeptes. Je dépense ces donations volontaires pour l'élévation spirituelle de ceux qui m'entourent et de ceux, de centres différents, qui restent en lien avec moi. Mes livres sont vendus en masse partout dans le monde, mais je ne gagne rien des publications. Je donne mes livres gratuitement, généreusement. Je ne connais rien aux affaires. C'est ainsi qu'en ce qui concerne la création d'une institution pour femme, je n'ai aujourd'hui ni les ressources ni les équipements nécessaires.»

Certains orthodoxes et sannyasins disent que les femmes ne sont pas aptes à suivre le chemin du renoncement. Ma vision des choses et différente. Elles sont aussi éligibles que les hommes à suivre les chemins du Yoga et du renoncement. Souvent, j'ai pensé à sérieusement me concentrer sur le développement de ce grand service à l'humanité que serait la création d'une institution d'idéaux réservée exclusivement aux femmes. En l'absence du soutien nécessaire à la création de telles institutions, j'ai permis à beaucoup de femmes, largement éduquées et cultivées, de vivre dans cet Ashram. Je veille personnellement à leurs besoins et les entraîne dans toutes les formes du Yoga, des Bhajans et des Kirtans. Beaucoup d'entre elles ont compris les exercices de Yoga et en ont tiré d'incalculables bénéfices.

Parmi ces femmes, beaucoup viennent de pays étrangers. Je les initie à l'Ordre du Sannyasa. Après de l'entraînement dans l'Ashram, elles rentrent à des endroits différents et perpétuent leur sadhana et leur service au monde. Les branches de la Société de la Vie Divine comptent des sections pour femmes partout dans le monde, avec une large portée non seulement sur leur propre évolution, mais également sur toute la gent féminine. Les

---

1. La qualité du sentiment exprimé par de dévot envers Dieu, ou la spiritualité en général.

femmes qui restent dans l'Ashram ont tout le confort, commodités et équipements nécessaires. Elles bénéficient de ce fait d'une grande liberté et autonomie. Avec un Ashram séparé, réservé aux femmes, cette institution est devenue le centre idéal pour leur élévation spirituelle. Puissent-elles prospérer et apprécier la paix, la Gloire Divine et sa Splendeur.

À ceux qui veulent suivre le sannyasa

Beaucoup de sincères chercheurs spirituels de vérité de partout dans le monde m'écrivent leur vif désir à suivre le chemin du renoncement ou l'Ordre de Sannyasa. D'après mon expérience, j'ai remarqué que beaucoup de ceux qui renoncent au monde à cause d'un Vairagya trop émotif, induit par une raison ou une autre, s'éloignent souvent du chemin du renoncement, et retournent donc au monde ou deviennent une disgrâce à l'Ordre de Sannyasa. À ceux qui possèdent un Vairagya authentique et une aspiration ardente, en revanche, je recommande le renoncement immédiat. À d'autres, je conseille ce qui suit, afin de leur donner une plus ample opportunité de développer leur Vairagya et de les préparer pour le chemin :

La grandeur des usages du monde n'est rien, c'est une mascarade pour enfant. Tu dois devenir un grand homme dans le domaine spirituel. Reste dans le monde, mais n'y lie pas ton esprit. Les études universitaires ne t'élèveront pas spirituellement. Prépare-toi doucement pour la voie du sannyasa alors même que tu es encore dans le monde. Tu as le Vairagya, mais tu n'as aucune expérience. Je suis prêt à te délivrer le sannyasa à tout moment. Supposons que tu restes à mes côtés en tant que sannyasi, as-tu assez de force pour faire face à ta mère, à ta femme, tes sœurs et tes frères lorsqu'ils pleureront avec amertume, le cœur brisé, devant mon kutir ? Réfléchis bien à ceci et prends ta décision. Délivre-toi d'abord du Moha. À l'occasion, retire-toi dans un endroit isolé pendant un mois ou deux, loin de ta famille et vois si ton esprit reste concentré sur les tiens, sur ta propriété et sur le lieu d'où tu viens. Teste ta force mentale.

Les simples émotions et l'enthousiasme ne te seront pas d'une grande aide sur le chemin du renoncement. Le chemin du sannyasa est jonché de difficultés. Mais il est plein de joie, de béatitude, il est fluide pour l'homme qui a une grande détermination, de la patience et du courage. La vie d'un sannyasin est la meilleure vie qui soit. Un vrai sannyasin est le vrai monarque des trois mondes. Même un banal aspirant est un empereur des trois mondes. Aie du courage. Sois téméraire. Accepte que le monde ne soit qu'une illusion. Revendique ton vrai Satchidananda Svarupa.

Assieds-toi un moment, seul, dans une pièce silencieuse. Pose-toi des questions. Cogite et cherche le savoir. Réalise comme il est splendide de vivre dans l'Atman. Pratique l'introspection. Essaie de te débarrasser de tes vices et de tes faiblesses. Là est la vraie sadhana.

Aux premiers stades de ta vie, pratique une sadhana intense dans la réclusion et sers aussi les Mahatmas, les malades et les pauvres autant que tu le peux. Ne réfléchis pas à donner des cours sur le Yoga, à prêcher et à présider de larges conférences. Ne fais pas grandir l'idée de faire le tour du monde et de devenir une sorte de professeur international. Tous ces espoirs se solderont par ta chute. Alors que tu es jeune, pratique une sadhana intense et étudie sérieusement. Oublie le passé et le futur. Le seigneur Jésus s'est reclus dans la solitude durant plusieurs années. Il en sortit après trois ans afin de transcender, d'électriser le monde de ses pouvoirs spirituels et ses connaissances. Des balles sans plomb ne peuvent atteindre les oiseaux. Elles ne peuvent avoir d'impact sur un esprit élevé. Adopte une personnalité dynamique. Grâce à des pensées pures (Satsankalpa), tu peux révolutionner le monde matériel. Ne sois pas tenté de te faire un nom ou d'être célèbre, ni d'envier le confort et les commodités. Mène une vie difficile.

Allie service et méditation

Il y a un inconvénient à vivre dans la jungle ou dans une cave. En tant que néophyte, tu ne sais pas réguler ton énergie et ajuster ta routine quotidienne afin de passer le temps de manière rentable. Tu ne sais pas surmonter la dépression lorsqu'elle se montre à toi. Les débutants ne peuvent passer toutes leurs vingt-quatre heures seuls dans la méditation. Ils doivent allier travail et méditation. Je n'ai jamais rencontré quelqu'un, de toute ma vie, qui ait pu tirer de bénéfices d'une méditation permanente. Ce que je souhaite souligner ici, c'est que les débutants ne peuvent s'épanouir dans l'isolement. Ils deviennent *tamasiques*, perdent leur talent et leurs facultés dormantes après une grande période de solitude.

L'indépendance financière

J'ai étudié de près la vie des sannyasins, si bien que je sais désormais qu'un peu d'argent est favorable au Sadhaka dans sa quête de la sadhana. L'indépendance financière apaise l'esprit et donne de la force pendant la sadhana. La chute ne vient que si l'on essaie d'augmenter cette quantité d'argent, de l'accumuler à la banque. Cependant, si tu possèdes une grande persévérance, une grande patience, et une bonne santé, si ton Vairagya est intense et foncièrement durable, si tu es prêt à servir l'humanité sans intérêt aucun, alors l'argent ne sera jamais un problème pour toi. Tu peux renoncer au monde quand tu le souhaites, même maintenant. Il n'est pas sage de gâcher ta précieuse vie à essayer de gagner plus et d'économiser un maximum. Il y a partout ce qu'il faut pour les Sadhakas sincères. Quitte rapidement le monde. Vole, vole loin de ces mondanités. Éloigne-toi de l'agitation des villes et de ce monde tumultueux. Cours vite jusqu'à un lieu isolé tel que Rishikesh. Tu ne seras plus en danger.

Les bons sâdhus sont protégés partout. Les mendiants déguisés en Mahatmas nuisent à la population. La population a du mal à différencier les Mahatmas des mendiants simplement en observant leur tenue. Mais on peut reconnaître un Mahatma à sa façon de parler, de marcher et d'agir. Sraddhya n'est pas assez présent aujourd'hui dans les ménages. Afin de ne pas interrompre la sadhana, je demande aux étudiants d'économiser assez d'argent pour subvenir à leurs besoins. Il ne faut pas entretenir la mendicité. Si possible, subviens aux strictes nécessités ou rejoins un Ashram ou une institution religieuse.

L'importance du service

Une mesure drastique prise afin de vaincre la nature vicieuse et les Samskaras matériels est de demander à mes étudiants de se noyer dans un service actif plusieurs mois ou années durant. Cela leur permet d'oublier complètement le passé et de consacrer toute leur énergie et leur temps à une quête spirituelle. Ils en oublient leur corps, leur environnement. Ils entraînent leur esprit à se concentrer sur l'essence qui sommeille dans tous noms, toutes formes. Ils apprennent à garder un état d'esprit équilibré dans les moments agréables comme dans ceux difficiles. La période d'entraînement varie en fonction de l'évolution et des prédispositions des étudiants.

Selon ma méthode, tous les étudiants doivent apprendre à cuisiner, à laver, à soigner et à servir les sâdhus, les Mahatmas et les malades. Ils doivent passer des heures à étudier, méditer de manière itérative (Japa) et prier. Même pendant le travail ils doivent pratiquer le Japa mentalement. Ils doivent apprendre à s'ajuster, à s'adapter à différentes circonstances et personnes. Ils doivent tous apprendre à taper à la machine à écrire et à pratiquer les premiers secours. Ils doivent apprendre les Bhajans, les Kirtans et doivent préparer de bons essais et articles sur le Yoga et le Vedanta. Je prévois tous les éléments nécessaires à la sadhana pour une élévation spirituelle rapide et fournis tout équipement et confort nécessaires. Lorsque je vois qu'ils progressent, je les envoie dans d'agréables endroits pour méditer profondément.

Les sannyasins et la politique

Les leaders politiques demandent aujourd'hui même aux sannyasins de se joindre dans l'agitation actuelle. C'est une triste erreur. Ces leaders n'ont pas compris la gloire et la signification de la vie Nivritti Marga. Ces sannyasins purifient le monde grâce aux vibrations de leurs pensées, tout en restant dans les caves de l'Himalaya. Ils aident le monde. Mon champ d'action est le chemin spirituel. Laissons les politiciens et les scientifiques trouver leur propre domaine. Peut-être qu'on ne peut séparer politique et religion. Mais des gens différents doivent travailler dans des domaines différents, en accord avec leurs capacités et leur tempérament. Chacun est important et bon dans son propre domaine.

Un Gourou est-il indispensable ?

Seuls les adeptes authentiques et avides de savoir me connaissant réellement.

Les adeptes ne doivent pas avoir peur de rencontrer des écueils et des pièges sur leur chemin spirituel. Tout le monde spirituel est prêt à soutenir les étudiants sincères qui essaient d'élever leur esprit au-dessus de ce bourbier qu'est le Samsara. Les adeptes doivent nourrir leurs bons Samskaras de Japa et de méditation régulière.

Même à cette époque matérialiste, l'Inde est pleine d'aspirants en quête de sagesse qui veulent Dieu et Dieu seul, qui sont prêts à abandonner richesses et enfants, brutalement, au nom de la réalisation divine qu'ils considèrent comme le fondement et l'aboutissement de leur existence. Cette terre est peuplée de sages et de saints. Des milliers d'aspirants à la Vérité sont en lien serré avec moi, partout dans le monde. Beaucoup d'étrangers viennent en Inde à la recherche de Yogis et de Mahatmas. Gloire à l'Inde et à tous les adeptes.

La voie spirituelle est semée d'embûches. Le Gourou qui a déjà emprunté ce chemin guidera prudemment les aspirants, se débarrassant de tout obstacle et difficulté. Un Gourou personnel est de ce fait indispensable.

Il n'y a pas de moyens plus puissants de vaincre la nature vicieuse et les vieux Samskaras chez les aspirants que le contact personnel et le service au Gourou. Le bénédicité du Gourou, d'une façon mystérieuse, permet aux disciples de percevoir leur pouvoir spirituel, bien qu'il soit impossible au Gourou de décider de ce qui est divin ou Brahman.

L'initiation transforme l'esprit

L'initiation (Diksha) n'est pas un simple changement dans la forme extérieure. La vraie modification de l'esprit, la vision clairvoyante, et la compréhension se présentent à l'aspirant après l'initiation faite par un Gourou Brahmavidya. Beaucoup d'étudiants choisissent selon leurs propres envies leur méthode de sadhana sans en considérer les conséquences. Un mauvais régime, une sadhana effectuée sans guide adéquat, des rigueurs insensées imposées à un corps faible, la torture du corps au nom de Tapasya, tout ceci a détruit bon nombre d'aspirants. Un Gourou personnel est bel et bien nécessaire, il donnera des instructions par étapes, en suivant les changements de saisons, les circonstances et les progrès.

Le bénédicité du Gourou est indispensable. Cela ne veut pas dire que le disciple doit rester inactif. Un Gourou peut éloigner les doutes, ouvrir la voie spirituelle qui convient à chacun des aspirants et les inspirer. Le reste du travail doit être fait par les aspirants. Il est insensé de penser par exemple qu'une simple goutte d'eau du Kamandalu d'un Mahatma ou d'un Yogi va apporter tous les Siddhis[1] et Mukti. Il n'y a aucune recette magique qui permette d'atteindre le Samadhi. C'est une pure illusion que d'y croire.

---

1. Pouvoirs psychiques

Mérite d'abord, puis désire

Il est difficile dans ce monde de trouver un Gourou qui guidera avec sincérité ses élèves selon leurs propres intérêts. Cela est une vérité. Mais de trouver un disciple qui agira sincèrement selon les instructions de son Gourou est, là aussi, une tâche très difficile.

Comme, aujourd'hui, les disciples sont arrogants, désobéissants et intéressés, il y a peu d'hommes mûrs qui acceptent d'entraîner ces aspirants. Ils n'apportent que des soucis au Gourou. Ils ne veulent pas respecter les instructions de ceux-ci. Ils pensent devenir eux-mêmes Gourous en à peine quelques jours. Ce problème existant entre Gourous et disciples est assez embarrassant. Si tu ne peux trouver un Gourou de premier ordre, essaie au moins d'en trouver un qui sillonne la voie spirituelle depuis plusieurs années, qui est compatissant et désintéressé et qui se souciera de ton bien-être et de ta progression.

Les âmes accomplies ne sont pas rares. Les ignorants, attachés aux choses du monde, ne peuvent facilement les reconnaître. Seules les personnes pures et pleines de vertus peuvent comprendre les âmes accomplies. Elles seules tireront les bénéfices de leur compagnie.

Il ne sert à rien de courir çà et là en quête d'hommes accomplis. Même si le Seigneur Krishna reste avec toi, il ne peut rien faire pour toi tant que tu n'es pas apte à le recevoir.

Servir Dieu et Mammon en même temps est impossible. Il te faudra sacrifier l'un ou l'autre. La lumière et l'obscurité ne peuvent être obtenues ensemble. Si tu veux profiter de la béatitude spirituelle, il te faudra renoncer aux plaisirs sensuels.

Si un seul de mes disciples réussit à s'extraire du bourbier qu'est le Samsara, mon existence est déjà justifiée. Le plus grand service que je puisse rendre à l'humanité est d'entraîner et de façonner les aspirants. Chaque étudiant de la pratique yogique, lorsqu'il est purifié et élevé, devient un centre de spiritualité. Il attirera à lui, grâce à son aura magnétique, des millions de jeunes âmes en quête de transformation spirituelle et de régénération.

Les étudiants qui sont dans le monde avec des responsabilités ne doivent plus attendre avant de trouver un Gourou. Ils doivent sélectionner leur propre Ishta Devata ainsi qu'un Mantra adapté à leur goût et pratiquer la sadhana et les prières. Au bon moment, un Gourou leur apparaîtra. Il vaut mieux recevoir le Mantra d'un Gourou. Le Mantra reçu du Gourou à une influence mystérieuse.

CHAPITRE HUIT
Jnana Yajna

Les expériences profondes fleurissent sous la forme d'un nombre incalculable de publications

Quand j'étudie les textes sacrés, je marque les parties importantes. Je considère et réfléchis aux points cités en permanence. Je trouve des méthodes efficaces pour affronter les obstacles et les difficultés. Je consigne mes propres expériences. Des milliers de gens viennent me voir en personne ou me contactent par correspondance, à la recherche d'une solution qui résoudrait leurs problèmes. Je leur fais des suggestions et donne des remèdes appropriés, en me basant sur mes propres expériences. Pas une seule pensée ne m'échappe, car je les consigne toutes. J'attache également une grande valeur aux expériences de mes étudiants. J'observe minutieusement et je note les points pour qu'ils servent aux autres étudiants. Je veille à m'assurer que ceux-ci touchent immédiatement tous les aspirants situés dans des lieux éloignés à travers mes lettres, mes articles et mes messages, à travers tous les principaux magazines et périodiques écrits dans différentes langues.

Afin de guider tant d'âmes en difficulté, j'ai publié mes expériences sous les titres suivants : *Mind, its Mysteries and Control* (*Le Mental, ses Mystères et son Contrôle*), *Spiritual Lessons* (*Leçons Spirituelles*), *Precepts for Practice* (*Préceptes pour la Pratique*). Je classe les leçons, puis les publie à la fois sous la forme de pamphlet et de livre. Ainsi mes tirages se multiplient et sont sans limites. Une fois, alors que j'avais beaucoup de nouvelles informations pour le livre *Practice of Yoga, Second Volume* (*La Pratique du Yoga, Second Volume*), les éditeurs me suggérèrent d'en faire un seul volume. En 1933, je leur écrivis :

« Pourquoi interrompez-vous mon travail ? Laissons *La Pratique du Yoga* être en plusieurs volumes, 3, 4, 5 etc., au fur et à mesure de mes nouvelles idées et leçons. Laissez-moi travailler tant que mes yeux sont bons, tant que j'ai de nouveaux messages et de nouvelles leçons pour ceux qui cherchent la Vérité. Mon désir de servir l'humanité est si grand que je continuerai à publier mes ouvrages avec l'aide de sténographes et de secrétaires compétents même si je perds la vue. Laissez l'œuvre divine croître et apporter au monde la paix et la félicité.»

Pourquoi mes livres comportent-ils des répétitions

Je crois au développement harmonieux du cœur, de l'intellect, de l'esprit et du corps. Un développement inégal n'a pas grand intérêt. Je n'ignore aucun des enseignements des sages et saints issus de religions et de cultes variés. Pour une progression spirituelle rapide d'étudiants ayant des goûts et des tempéraments différents, je donne l'essence de toutes les sources. J'appelle ceci le «Yoga synthétisé» ou le «Yoga intégral». Ces leçons que je donne sont le résultat de mes propres recherches et des expériences de milliers de fidèles.

Dans tous mes livres, je fais ressortir les points essentiels de l'aspect pratique pour un développement complet. Certains le considèrent comme des «répétitions». Elles sont très utiles pour les étudiants sincères. Les aspirants sont capables de saisir la valeur et l'importance de ces leçons si efficaces. Ces répétitions ont pour but de créer une impression profonde et indélébile dans leurs esprits. Quand je décris un sujet particulier, avec l'idée de rendre le livre utile à tous ses lecteurs, je répète les points essentiels qui doivent être observés dans la vie quotidienne. Ils s'avèrent très bénéfiques. Ils martèlent l'esprit battu par les influences matérialistes. Cela permet de développer également la force de la volonté. Il y a là un message destiné à consoler, apaiser et perfectionner chaque individu.

Les fidèles ont une grande bibliothèque avec l'ensemble de mes œuvres et pourtant ils m'écrivent régulièrement au sujet de livres qui sont dans la presse. Ils m'écrivent très souvent : « la beauté que je trouve dans vos livres réside dans le fait que vos leçons créent un goût pour le progrès spirituel et m'incitent à suivre certaines d'entre elles, bien que j'aie conscience de ne pas avoir de penchant vers cette voie. Les leçons sont faites pour moi et je les trouve aussi extrêmement utiles pour ma progression matérielle. Je peux sentir en moi un nouveau pouvoir et un nouvel espoir après avoir lu quelques pages de votre livre : *Le Mental, ses Mystères et son Contrôle*.»

En 1953, les éditeurs m'envoyèrent une lettre d'un fidèle qui se plaignait du fait que mes livres contenaient beaucoup de répétitions. Je leur écrivis : «Les répétitions doivent être soigneusement évitées. Il vous faudra vous asseoir 3 ou 4 nuits de suite, avec des thermos pleines de thé et travailler avec acharnement afin de les supprimer. Ne négligez pas les parties importantes par peur de la répétition. Celle-ci est nécessaire pour marteler l'esprit matériel. Ce monde est une sphère de répétition. Nous ne pouvons pas plaire à tout le monde. La Gita, les Upanishads et les autres Écritures en sont truffées. C'est inévitable. Sans être martelée, la nature refuse le changement. Après quelques années, lorsque nous ressortons des éditions, nous pouvons réviser consciencieusement chaque livre, chaque paragraphe, chaque phrase et tout améliorer. **Publiez tout ce que je vous ai fourni. N'omettez ni une seule virgule ni un seul mot.**» Le fidèle de cette lettre dit que mes livres sont remplis de répétitions, mais il veut pourtant la liste complète de mes dernières publications! À la fin, il ajoute: «C'est ce qui m'alimente et me nourrit.»

Ce sera une grande surprise pour le monde de constater que j'autorise n'importe quel éditeur à sortir de nouvelles éditions de certains de mes livres. Un livre, toujours le même, est publié par des presses variées en Inde, en Allemagne, en Suisse, en Indonésie et en Amérique. Je veux avoir un volume maximum de travail en un court laps de temps. Mes lettres écrites entre 1934 et 1946 expliquent ma méthode, avec laquelle j'accomplis un travail dynamique à travers la presse:

«J'aime les productions sur 20 et 10 jours. Pouvez-vous réaliser un travail 'Dhana-dhan' ou 'Fata-fut'? Pouvez-vous prendre en charge 3 ou 4 livres à la fois? Embauchez plusieurs presses. C'est le travail Dhana-dhan qui est effectué par une petite presse ici à Rishikesh. Ne vous souciez pas des paiements. D'une manière ou d'une autre les factures seront réglées, tôt ou tard.»

«Embauchez plusieurs presses afin de finir l'affaire rapidement. Ne comptez pas sur une seule presse. Les gens de ce milieu, les orfèvres et les tailleurs sont de la même espèce. Ils font les choses très lentement, sans se presser. Ils ne tiennent pas leurs promesses.»

Le but est d'obtenir un travail rapide et une dissémination rapide du savoir spirituel. C'est ce qui est indiqué dans ma lettre suivante.

Mon idéal : un travail rapide

Je ne suis pas contraignant concernant mes publications. Tout bon contenu doit être partagé sur-le-champ avec les lecteurs, pour leur intérêt spirituel immédiat. Je ne veux pas qu'ils aient à attendre qu'une nouvelle publication soit prête. C'est pourquoi lorsque surgit toute nouvelle idée, je l'insère tout de suite dans mon dernier travail mis sous presse même si elle n'a peut-être pas de rapport direct avec le sujet principal de l'ouvrage. Et c'est également pourquoi je ne souhaite pas que ce temps précieux soit gâché à scruter attentivement chaque mot.

« Ne vous souciez pas des erreurs au moment de l'impression. Vous ne devez pas en avoir peur. Si vous m'envoyez les épreuves, je les corrigerai. Ne limitez pas le livre à 125 pages. Si vous avez un bon contenu, insérez-le et augmentez le prix de l'ouvrage de quelques annas[1]. Quel mal y a-t-il si un livre comporte 200 ou 300 pages ? Vous pouvez aider le monde en y apportant des travaux substantiels et fiables. »

Lorsqu'une reconnaissance du mérite est due, je n'hésite pas à l'exprimer :

« Le livre *Yoga Asanas* est superbe. Il a son propre charme dans ce domaine, bien qu'il existe beaucoup d'ouvrages à ce sujet sur le marché. »

L'attention portée aux détails

Je prends bien garde à donner des instructions détaillées :

« Vous pouvez introduire la méditation avec l'OM en soi. Il s'agit d'une méditation à la fois Saguna et Nirguna. Imprimez quelques jolis schémas d'OM et écrivez en note de bas de page quelques instructions sur la concentration et la méditation. Insérez aussi les quatre mahāvākyas aux quatre côtés. J'aimerais avoir une notice du japa : imprimez l'OM 108 fois sur une page. Ceux qui ne souhaitent pas avoir un japamala peuvent aller sur cette page. »

* * *

« Ci-inclus un article détaillé sur le Brahmarandhra. Cela sera suffisant. La description élaborée du Péricarpe, du feu de Nibodhaka, du Nirvana

---

1. 1/16 de roupie.

Sakti, etc. n'aide pas vraiment l'étudiant. C'est entièrement en grec et en latin — c.-à-d. mystique. Ne prenez de contenu d'aucun autre livre. Ce que j'ai écrit suffit amplement. Ne copiez le contenu d'aucune autre source afin de ne pas ruiner la beauté de ces livres.»

* * *

«Je suis avec attention la manière dont mes livres sortent. Il est arrivé que les éditeurs suppriment des portions qu'ils ne jugeaient pas pertinentes ou appropriées. Mais je ne souhaite pas que soit perdu le moindre contenu de valeur dans ce processus. C'est pourquoi, dans la lettre qui suit j'ai mis l'accent sur leur importance et ai demandé à ces personnes de faire attention à préserver la force de l'écriture qui pourrait être perdue en changeant la langue. Je n'apprécie pas lorsqu'il y a trop de corrections et d'édition.

Vous pouvez enlever certaines parties. Mais rappelez-vous, il ne s'agit pas de langue ou de style, mais bien du pouvoir derrière l'idée qui influence les gens. Lorsqu'on essaye d'améliorer la langue, etc., la force doit être conservée. Dès que vous réalisez un changement, vous devez réfléchir sur le point de vue de l'auteur. De simples décorations métaphysiques ou fleuries n'apporteront aucune amélioration. La force de l'auteur ne doit jamais se perdre. Gardez cela à l'esprit lorsque vous pensez à toute amélioration des publications.»

Les observations suivantes devraient montrer comment j'apprécie une bonne production et également à quel point je suis peu enclin aux suppressions :

«Ce livre est très beau avec son introduction. Vous pourriez penser vous attirer quelques 'critiques' de la part de la presse. C'est uniquement le fruit d'une mauvaise imagination. Certains journaux encenseront le volume. Si vous y insérez une annonce palpitante, les copies se vendront comme des petits pains. Associé à *Pratique du Vedanta*, il formera une parfaite combinaison pour l'étude du Vedanta.»

* * *

«Pour *Yoga Asanas*, il existe une grande différence entre la 1re et la 2de édition. Vous avez supprimé tous les mots en sanskrit comme 'Parichchinna Ananda', 'Bimba Ananda', etc. Les mots en sanskrit ont un pouvoir et une signification spéciaux et importants. À cause de la contagion par l'éditeur d'un hebdomadaire humoristique, vous les avez retirés. Dans le futur, soyez aimables de ne pas supprimer une seule syllabe. Il y a une force, une beauté et une élégance dans les mots sanskrits. Cela ne brisera en aucune manière la continuité de la pensée du lecteur.»

Aucun attachement aux droits d'auteurs

Je n'attends aucunes royalties de la part des éditeurs. Pour un travail dynamique, je leur demande à tous de publier plusieurs éditions de mes livres dans des langues différentes. Je ne leur demande rien pour ce qui est de la rémunération de l'auteur. Qu'ils donnent des royalties ou pas, je permets à plusieurs types d'éditeurs de se faire connaître pour la publication de mes livres dans l'objectif de leur large circulation à travers le monde. Ils me donnent généralement 100 copies toutes les 1000 copies publiées. Je ne vends pas ces copies et je n'en fais aucun profit. Je les distribue à toutes les bibliothèques importantes, aux institutions religieuses, aux établissements d'enseignement et aux journaux quotidiens à des fins de révision. Cela s'avère être un canal efficace pour la publicité et les copies s'écoulent vite et les éditeurs en tirent un profit. J'aimerais que tout prospère.

Je souhaite que le savoir se propage. Retiré dans un petit kutir dans l'Himalaya, sur les rives du Gange, j'ai publié des centaines de livres très utiles, dans toutes les langues, pour une circulation à travers le monde. Ce fut possible, car je n'ai entretenu aucune motivation intéressée. Mes idées libérales ont attiré des éditeurs de tous pays, comme l'Allemagne, la Suisse, l'Amérique et l'Indonésie. Quelques-uns n'aiment pas gérer des livres de valeur sur le haut Vedanta. Ils veulent obtenir un profit énorme en vendant rapidement des ouvrages sur la magie, les miracles et le Yoga. Les travaux conséquents sur le Vedanta et la Santé se vendent graduellement, et c'est pourquoi les éditeurs ne s'y intéressent pas beaucoup. J'ai donc pensé à avoir mes propres publications. Dans l'intérêt des générations futures, pour la préservation des livres de valeur, je restreins désormais les droits d'auteurs de tous mes travaux à la Société de la Vie Divine ou à la Yoga-Vedanta Forest University. Et pourtant je permets aux autres de publier mes livres.

Même si je ne demande aucun exemplaire gratuit, c'est poliment que je convaincs les éditeurs de m'en fournir quelques-uns pour les distribuer gratuitement. Ils m'en donnent généreusement 100 ou 150 (tous les 1000). Je demande ces exemplaires comme un Ganesh Pooja, une offrande au Seigneur. En 1936, j'écrivis les lignes suivantes à un éditeur en Inde :

« Ayez l'amabilité de vous souvenir des exemplaires Ganesh Pooja. C'est dans votre propre intérêt. Dès qu'un végétal porte un fruit, le premier fruit ou le premier légume doit être offert à Dieu ou aux sannyasins. L'homme prospère ensuite avec grand succès. Il en est de même avec les exemplaires Ganesh Pooja. L'éditeur atteindra la prospérité, dans l'ici et dans l'au-delà. J'utilise ces exemplaires pour offrir aux livres une formidable publicité. »

Je suis extrêmement satisfait si tous les livres sont publiés par les presses universitaires, puisque j'ai alors toute ma liberté. Lorsque les exemplaires sont reçus de la presse, je les donne aux prisonniers, aux visiteurs, aux pèlerins et par la poste, à tous les fidèles, aux branches de la Société de la Vie Divine, à toutes les institutions religieuses et à tous les établissements d'enseignement. Chaque jour, je vide tous les *almirahs* du bureau et pourtant je trouve toujours de nouveaux stocks qui arrivent sans cesse de la presse. Désormais, il existe beaucoup de fidèles dans toutes les parties de l'Inde et de Hong Kong qui impriment un grand nombre d'exemplaires de mes livres et ils me les envoient tous pour que je les distribue de cette manière. Ma joie est grande lorsque les fidèles m'envoient leur contribution pour ce travail de publication et pour l'entretien des sadhakas de l'ashram, ou encore pour aider les malades de l'hôpital.

L'attitude envers les désirs de profit

Alors qu'il existait une divergence de comptes avec un éditeur, je demandai à l'un de mes disciples de bien se comporter et de garder la tête froide. Quelques-unes des lettres que je lui adressai expliquent mon attitude envers les hommes d'affaires :

« Sois calme et serein. Ne t'irrite pas. Sois magnanime et « Gambhira ». Le monde entier t'appartient. Ton corps est ta maison. Sois un *sakshi*. Observe.

Ne te bats pas. En toutes conditions, sois poli, civilisé et courtois. L'argent n'est rien. Sois toujours amical avec les éditeurs. Deviens courageux. Ne te querelle pas au sujet des comptes. Sois noble. Reste raisonnable. S'ils ont tort, montre-leur l'erreur, s'ils persistent et continuent leurs erreurs, garde le silence. Ignore tout le sujet, même si nous avons une perte conséquente. N'utilise aucun mot hostile dans ta lettre. La politesse et la courtoisie doivent transpirer de chaque ligne. Règle la somme sans aller devant les tribunaux. Consulte un avocat à ce sujet. Ne perds pas ton sang-froid. Agis comme un sannyasin.»

CHAPITRE NEUF
L'idéal de la vie

La philosophie de la vie

L'objectif de la philosophie est une vie harmonieuse. Le sens d'une vie harmonieuse dépend de la manière dont il est défini. Il s'agit d'une vie de sagesse, libérée de l'imperfection, qui caractérise l'existence non philosophique. La philosophie n'est ni une distraction intellectuelle ni une pédanterie aristocratique qui néglige les faits de l'expérience dans ce monde. Puisqu'elle s'oppose à l'exploit de l'érudition ou au simple passe-temps d'un esprit libre, la philosophie est l'analyse intelligente des implications de l'expérience et une théorie scientifique issue de méditations très sages, afin de réguler les fonctions responsables des expériences variées dans ce monde. La philosophie est donc le grand art de la vie parfaite, un type de vie où la notion ordinaire de la vie est transcendée et où se réalise la Vie Suprême, qui est identique à l'existence elle-même.

La philosophie que j'enseigne n'est ni une doctrine de l'illusion rêveuse, subjective et niant le monde, ni une théorie brute d'affirmation du monde de l'humanisme. C'est la théorie de la divinité de l'univers, de l'immortalité de l'âme de l'homme, identique au Soi Absolu de l'univers, étant ainsi l'unité essentielle du tout de l'univers avec le Brahmane supérieur, qui est la seule Réalité existante. Le Vedanta ne ferme pas les yeux face à la réalité déchirante et misérable du monde ni n'ignore le corps et l'esprit en tirant vers le bas, vers une vie empirique, bien que la province du Vedanta soit supra terre-à-terre.

Le développement intégral

Le Brahmane et le Soi Suprême apparaissent comme l'univers distinct à tous les niveaux et tous les degrés de sa manifestation, et par conséquent l'aspirant doit rendre hommage à la manifestation inférieure avant de se hisser plus haut. Une bonne santé, une compréhension claire, un savoir profond, une forte volonté et une intégrité morale sont toutes les parties du processus de la réalisation de l'Idéal prêché par le Vedanta. J'insiste sur une discipline totale de la partie inférieure du Soi. Les enseignements du Vedanta ne sont pas contradictoires avec le Yoga, la Bakhti ou le Karma. Ceux-ci sont mélangés comme les éléments qui constituent un tout dans les plusieurs états de l'expérience.

S'ajuster, s'adapter et s'accommoder, voir le bien dans chaque chose et mettre efficacement en œuvre tous ces principes de la Nature dans le processus d'évolution de l'individu vers la réalisation de soi sur la voie d'un ajustement intégré des pouvoirs humains, voilà les facteurs principaux qui entrent en jeu afin de développer ma philosophie de la vie. Aimer chaque chose et voir Dieu en chaque chose — toutes les servir, car Dieu est partout — matérialiser Dieu comme l'identité de tout en une plénitude de perfection est la règle principale. Dans tous mes écrits, j'ai préconisé des méthodes pour maîtriser et dompter les plans physique, vital, mental et intellectuel de la conscience afin de permettre à l'aspirant de poursuivre sa sadhana sans entraves, vers cette grande destination spirituelle, la réalisation de l'Absolu. Le Vedanta est une philosophie et un mode de vie qui enseigne la méthode de la réalisation spirituelle, l'expérience directe de l'immortalité, la nature omniprésente du Soi, où l'univers se réalise comme identique au Soi, où rien de secondaire au Soi ne peut exister, et du fait de cette grande réalisation, le sage devient le Sauveur de l'Univers, *Sarva-bhuta-hite Ratah*.

Ma foi

Voir l'Atman ou le Soi dans chaque être ou chaque forme, sentir la conscience brahmanique partout, en tout temps et en toute circonstance de la vie, observer, entendre, goûter, sentir et ressentir tout comme l'Atman est ma foi. Vibre en brahmane, se fondre en brahmane, fusionner et se dissoudre en brahmane est ma foi. Résider en union avec le brahmane, utiliser ses mains, son esprit, ses sens et son corps pour servir l'humanité, chanter les noms du Seigneur pour l'élévation des Bhaktas, donner des instructions aux aspirants sincères et disséminer le savoir à travers des livres, des brochures, des revues et des cours donnés à la tribune est ma foi.

Être un ami et un bienfaiteur cosmique, un ami des pauvres, des délaissés, des impuissants et des déchus est ma foi. C'est ma foi sacrée que de servir les malades, de les soigner avec application, compassion et amour, d'égayer le déprimé, d'insuffler à chacun pouvoir et joie, de ne se sentir qu'un avec chaque créature et de les traiter tous avec un regard égal. Dans ma foi il n'y a ni saint, ni pécheur, ni ami, ni ennemi, ni homme, ni femme, ni gourou, ni *Chela*. Tout est *Satchidananda*.

Le secret de l'énergie et du travail dynamique

J'ai désormais 72 ans (en 1958). Je reste occupé. Je suis toujours bienheureux et satisfait. Je peux fournir encore plus de travail. Je m'occupe personnellement de centaines d'étudiants à l'Ashram et gère les affaires de la Société de la Vie Divine, de la Forest University, de l'hôpital général et je guide par correspondance des milliers d'étudiants d'endroits bien lointains. J'accorde une grande attention à la presse typographique et à l'expédition de livres utiles aux étudiants, aux bibliothèques et aux institutions religieuses. Je peux faire davantage. Le secret de mon énergie pour le travail dynamique est de conserver entièrement la Conscience Divine.

Changez l'angle de votre vision et soyez toujours heureux et enjoué. Ne voyez partout que le bon. Dansez de joie. Saturez votre esprit de pensées divines. Vous ressentirez immédiatement de l'intérieur de formidables forces et pouvoirs spirituels. La paix dont vous jouissez désormais ne peut être transcrite en mots. Adoptez toute méthode qui peut faire bouger votre esprit vers l'intérieur, qui peut le focaliser et le stabiliser. Gardez le contrôle de vos sens. Ayez une foi qui veille, attentive et intense. Développez votre force de volonté. Sinon, Vikshepa[1] et Alasya[2] vous domineront.

Guérir par les prières

Dans le monde entier, les docteurs font des expériences sur les patients avec tant de médicaments. Comment s'attendre à un remède permanent et durable alors que les docteurs travaillent pour le motif égoïste de s'enrichir toujours plus ? Dans le système ayurvédique, les experts préparent des traitements véritables à partir de plantes, de graines et de racines de l'Himalaya. Ils étudient le pouls des patients, posent un diagnostic adéquat et prescrivent des médicaments efficaces afin de leur fournir un remède permanent. Les patients doivent également suivre des méthodes naturelles dans une large mesure et choisir une alimentation adaptée et suivre les ins-

1. L'oscillation
2. La paresse

tructions des docteurs experts.

Dans cet Ashram, je réunis toutes les méthodes au sein du Sivananda General Hospital. Il y a là des docteurs experts de tous les systèmes de la médecine. De surcroît, j'ai une grande foi dans le pouvoir du Mantra et dans la grâce du Seigneur. Par des prières spéciales dans le mandir du Seigneur Viswanath, j'ai vu des guérisons miraculeuses de cas sans espoir, même dans des endroits reculés. J'ai une foi considérable en la guérison par les prières ; en la guérison de maladie par le chant de Mantras et les prières. Les résultats sont formidables. Le Nom du Seigneur est si efficace. J'appelle cela la NAMAPATHIE.

CHAPITRE DIX
Méthodologie progressive

1. Détaché, mais soigneux

Mon kutir contient beaucoup d'énormes malles remplies de centaines de précieux ouvrages, d'objets divers et de vêtements. J'en ignore le contenu exact. Je ne porte aucune clé, car je n'ai nul secret. Je ne puis rien manger seul. Je ne me fais pas passer pour un vairagi dépourvu de toute richesse et espérant qu'autrui en conserve suffisamment pour sa subsistance. Lors de mes voyages de propagande, je conservais l'argent nécessaire sur moi, réparti dans deux ou trois poches et offrais une bourse bien remplie à chacun de mes compagnons.

Je prends grand soin de certaines de mes affaires, comme mon stylo plume, mes lunettes de vue, mes livres de recherche et autres objets utilisés par tous les grands hommes et les plus fervents apprentis. Auparavant, lorsque je fermais mon kutir à clé pour une petite promenade énergique, j'attachais soigneusement la clé au bout d'un morceau de mon vêtement. Je porte peut-être un manteau élimé et raccommodé, mais je me dois d'offrir le meilleur à autrui. Je ne me soucie nullement de mes dettes. Dieu me fournit de lui-même toute l'aide nécessaire. Je ressens la Grâce Divine à chaque pas et la présence de Dieu à chaque instant, à travers chaque nom et chaque forme.

2. De la pratique constante de la sadhana

Les sâdhus et les yogis se livrent à l'étude et à la sadhana pendant quelque temps, puis les délaissent dès leurs premières heures de célébrité. Il s'agit là d'une grave erreur responsable de leur déchéance future. Les sâdhus et mahatmas expérimentés devraient poursuivre leur pratique de la sadhana jusqu'à leur dernier souffle. Ainsi seulement pourront-ils continuer d'embrasser la conscience divine. De plus, leur dévotion exemplaire pourra en inspirer d'autres. Un saint n'a nul besoin de parler ni de prêcher. L'histoire de sa vie en elle-même fait office d'écriture destinée à éclairer le monde. Aujourd'hui encore, j'écris les mantras OM OM OM et HARI OM TAT

SAT dans chacune de mes lettres et remplis une demi-page avec eux et des préceptes philosophiques. Avant même d'écrire quoi que ce soit dans un carnet de notes ou une lettre à l'un de mes étudiants, j'écris le mantra.

Je me livre à environ cinq ou six exercices de sadhana par période de 24 heures : du japa, de la méditation, des asanas ou du pranayama, des dévotions, du travail d'écriture ou encore de l'assistance à autrui, aux mahatmas, aux malades et aux pauvres. De cette manière, mon esprit se charge à chaque instant de conscience divine. J'allie avec habileté repos et relaxation grâce à des exercices de respiration profonde. Ainsi ai-je vécu mes 35 années à Rishikesh et tiré de ces exercices une énergie spirituelle merveilleuse et sans cesse renouvelée ainsi qu'une grande force. Je m'efforce de rester en parfaite santé et connais paix et félicité à chaque instant. Tous les matins, je quitte mon kutir l'espace d'une heure afin de gérer les affaires de l'ashram, de confier du travail à ses résidents et d'accorder une pensée à ceux qui en sont loin. Malgré cela, je me sens capable de faire face à une nouvelle journée de travail de dix heures. Mon secret est la pratique quotidienne de la sadhana et de la Grâce divine.

3. Pourquoi tant de photographies

Les dirigeants des temples sacrés interdisent de photographier les idoles. À Badri et à Kedar, il est interdit d'amener des appareils photographiques à l'intérieur des temples. Comme c'est étrange… Certains sages et grands hommes indiens refusent d'être photographiés. Ils croient que cela amoindrira leur énergie spirituelle. Je n'accorde aucun crédit à ces superstitions. Les visiteurs de mon temple sont libres de prendre autant de photographies qu'ils le désirent, qu'ils soient assis, en train de courir, de marcher, de parler, de manger, de jouer ou de nager. Les photographies les inspirent. Assortis de quelques clichés élégants et instructifs, les livres et les magazines possèdent un charme qui leur est propre. Je n'impose nulle restriction. En toute chose, je ne trouve que du positif.

L'ashram accueille de grands hommes venus de tous les pays. Des disciples de bonne foi venus des quatre coins du monde me rejoignent et restent à mes côtés pendant des mois, voire des années. Ils souhaitent tous prendre un cliché d'eux-mêmes en ma compagnie. Pourquoi refuser sans motif et les décevoir ? Les groupes d'étudiants en vacances à Rishikesh désirent faire une photographie de groupe avec moi au centre. J'ai été photographié en compagnie des plus grands hommes du monde ; des maharajahs, des sages et des saints, mais aussi de disciples, de travailleurs d'ashrams, de malades hospitalisés et d'écoliers. J'ai été photographié en costume et chapeau, en pagne et en pardessus, avec un turban, comme un maître d'école, dans une voiture, dans un avion, sur une charrette tirée par un bœuf à Rameswaram, pendant mon voyage à travers l'Inde en 1950, sur un triporteur pendant mon séjour à Roorkee en 1953. Pour moi, être photographié avec des maharajahs, des aspirants, des porteurs sur un quai à la gare, de grands mahatmas de l'Himalaya ou des mendiants de l'ashram, tout cela ne fait aucune différence. J'ai également intégré les singes vivaces, les chats et les chiens de l'ashram ainsi que les poissons, les vaches, les éléphants et les guépards. Je ne crois pas en cette superstition qui dit que ma puissance spirituelle sera amoindrie par le mauvais œil. Je tiens compte des bienfaits de mon action sur le monde. J'aime voir mon entourage joyeux et épanoui.

4. L'autonomie

J'accomplissais moi-même toutes mes tâches : je nettoyais ma chambre, rapportais de l'eau du Gange pour me désaltérer, lavais mes vêtements et ma vaisselle, allais à Kshetra pour l'aumône… Je tapais moi-même mes articles et mes courriers à l'attention de mes étudiants. Je les emballais avec soin et allais les poster. Je ne comptais jamais sur mes étudiants. Je n'appréciais pas qu'ils fassent irruption dans mon kutir à tout moment et viennent perturber ma routine quotidienne. Lorsque je pars en voyage, je porte mes bagages moi-même. Lorsque des porteurs se chargent d'une partie de mes lourds bagages faits de polycopiés et de livres que je compte offrir, je les paie généreusement. Je plains ces pauvres gens riches qui regimbent auprès des porteurs pour deux misérables sous.

Lorsque le travail à l'ashram se fit plus abondant, je n'eus plus le temps de me charger de ce genre de tâches. D'aimables disciples offrirent de prendre le relais pour une partie d'entre elles. Comme offrir de l'aide à autrui de manière désintéressée purifie le cœur, je leur permis de se charger de ce travail et de servir les autres mahatmas ainsi que les malades. Quant à moi, je m'efforçai de satisfaire les besoins de nos visiteurs et pensionnaires. Je m'assurais personnellement que chacun d'eux avait bien une lampe à pétrole (nous ne bénéficiions pas de l'électricité à l'époque), un berceau, un lit, et des livres pour étudier dans leurs chambres et que du thé, du lait et de la nourriture leur furent servis aux heures de repas. Depuis, des centaines d'apprentis sont venus et les choses se déroulent à présent de manière organisée, automatique. Pour ma part, je reste assis en silence et contemple avec bonheur la Grâce du Seigneur. Je supervise tous les travaux, donne des consignes à chaque ouvrier et assigne des personnes compétentes à la gestion de chaque activité. Même les travailleurs dépourvus de compétences et de qualifications apprennent rapidement à bien faire leur travail lorsque je leur donne toute la liberté possible, leur confie de lourdes responsabilités et leur témoigne ma confiance.

5. Derrière chaque action, une intention

Je suis d'un naturel sérieux. Même aujourd'hui, je fais preuve d'une grande circonspection dans le cadre de ma sadhana, de mes études et de l'aide que je fournis aux autres. Rien ne peut ébranler ma concentration ni ma sérénité. Je puis demeurer heureux et honorer mes tâches quotidiennes en toutes circonstances. Parfois, pour égayer les plus tristes et divertir les plus apathiques, j'affecte un caractère facétieux. Il m'arrive de plaisanter ou de jouer avec mes étudiants et visiteurs pour les faire rire aux éclats. Mais chaque plaisanterie, moment d'amusement ou trait d'humour cache une intention sous-jacente. J'ai des limites pour tout. Toute action ou parole de ma part est destinée à assurer un rôle dans l'évolution des personnes qui m'entourent. Par la plaisanterie, l'amusement et des présents tels que des biscuits, des fruits et des vêtements, je découvre les goûts, le tempérament et les faiblesses de mes étudiants, puis leur apprends à surmonter leurs difficultés et leurs défauts.

Je ne suis guère friand de commérages, de gloussements et d'éclats de rire. Je conseille à mes étudiants de s'abstenir de tout bavardage et de vivre dans la solitude, l'introspection et le travail. Lorsqu'ils sortent pour aller se baigner dans le Gange, se restaurer ou faire une promenade de fin de journée, je leur recommande de cheminer seuls et de pratiquer le japa.

6. Vivre avec simplicité et générosité

Je suis économe. Je dépense peu pour mes besoins personnels. J'ai vécu pendant plusieurs années une vie difficile à dépendre de la nourriture du

Kshetra. Vivre une existence simple et difficile me rend très heureux. Une vie simple aide à l'élévation spirituelle et à la maîtrise du corps et de l'esprit. Encore aujourd'hui, j'apprécie l'aumône que je reçois du Kshetra et porte des vêtements déchirés. J'assène constamment dans les esprits les mots suivants : « Kaupeenavantah khalu bhagyavantah », *« Heureux les plus détachés »*. *Je vis dans un appartement en location sur la rive du Gange, à l'écart* des bâtiments luxueux de l'ashram, pourtant *équipés de tout le confort possible. Il y a une joie particulière au fait de vivre simplement. Mais je ne souffre pas au nom du tapas.* Lorsque certaines fournitures sont nécessaires à l'amélioration de l'ashram ou à l'évolution personnelle d'un disciple, j'insiste pour que l'acquisition en soit faite immédiatement.

À chaque étape, j'œuvre pour le bien du monde et la progression des aspirants. Lorsque des disciples me font cadeau d'objets de grande valeur ou de sucreries pour me faire part de leur dévotion, je les accepte avec beaucoup d'amour et d'affection. J'en fais usage afin de remercier les donateurs et les offre spontanément aux individus méritants. Lorsque je sers autrui, j'exige la meilleure qualité en toute chose. Dès que je fais l'acquisition d'un meilleur stylo plume, d'une meilleure veste, d'un châle ou d'un meilleur fauteuil, je souhaite aussitôt offrir les mêmes bienfaits à chaque travailleur et à toute personne importante pour l'ashram. J'attends l'opportunité d'acheter ces biens, comme au sein d'un établissement en plein essor où un travail actif est réalisé grâce à des dons volontaires, il est difficile de trouver des fonds immédiatement. J'attends des opportunités, je me charge de satisfaire les besoins de tous les pensionnaires, un à un.

Lorsque je reçois des fruits et des sucreries, je ne mange rien en secret dans mon kutir. Je porte mon paquet jusque dans le hall de Satsanga et les distribue aux personnes présentes, puis en prélève une petite partie à la fin, en guise de *prasad*[1]. En dépit de mon diabète, il m'arrive parfois de manger beaucoup de sucreries offertes par des disciples avec une dévotion, un amour et une affection extraordinaires. Je n'en souffre absolument pas.

7. L'indifférence à l'égard de la mode et de l'apparence

Je ne sais rien de la mode et des artifices de l'apparence. Il s'agit là d'une malédiction. Je ne vis en aucun cas pour les plaisirs des sens. Ils sont le fruit

---

1. Offrandes

du maya, de l'illusion, symboles d'égoïsme et d'ignorance. Je porte toujours ma dhoti au-dessus des genoux. Par la tenue, la démarche, les intonations et l'attitude d'une personne, je suis capable de déceler la présence de l'ego et d'élaborer des stratégies afin de le détruire. Parfois, je porte un turban et me sers d'un long bâton de marche. À Swargashram, je m'en servais lors de ma promenade du soir. Je l'utilisais comme yoga danda afin de contrôler le passage de ma respiration d'une narine à l'autre. Ainsi, je pratiquais la swara sadhana. Dans mes jeunes années, jamais je ne me servis de chaussures ni de parapluie. L'utilisation constante de chaussures, d'un parapluie ou d'un bâton de marche change radicalement notre attitude.

8. La progression de chacun

Les sadhanas diffèrent en fonction du palier d'évolution, de l'envergure de l'ego, des faiblesses et de la nature des penchants les plus bas d'une personne. La robustesse physique et une bonne santé sont en eux-mêmes de bons critères de qualification pour un étudiant. Toutes les autres qualités peuvent être développées en plaçant celui-ci dans des conditions favorables. Sur le chemin de l'élévation spirituelle, tout apprenti peut progresser et évoluer à condition d'être doté du sraddha, c'est-à-dire d'être sincère et pieux. Aucune compétence ni qualification particulières n'est nécessaire. Nul besoin non plus d'avoir fait des années d'études approfondies ou d'avoir pratiqué le japa sur une seule jambe pendant des années. L'amour et la bonne volonté sont les seuls éléments indispensables. Fouiller les poubelles, taper du texte, écrire, porter de l'eau, s'occuper des malades et aider les pauvres… avec la bonne attitude mentale, toutes ces formes d'aide à l'ashram pourront se transformer en YOGA. L'étudiant doit adopter une nouvelle approche et s'efforcer d'écraser son ego à chaque pas par la discipline, le discernement et le détachement. Il faut imprégner son esprit de Conscience divine en priant et en pratiquant le japa en permanence et par des séances de méditation systématiques.

9. Attention accordée à chacun et attitude libérale

Dans un ashram, la cuisine est le centre de tous les conflits. Toutes sortes de problèmes, de malentendus, de haine et de jalousie sont perceptibles dans cette pièce. Je découvre facilement les goûts, le caractère, l'état du progrès spirituel et le contrôle des émotions dont mes étudiants sont capables à partir des histoires que j'y entends. Il s'agit là de l'épicentre de toutes les perturbations dans un ashram. C'est également le meilleur cadre pour une évolution spirituelle rapide des ouvriers, pour qu'ils développent l'amour de leur prochain, l'empathie, la clémence, la patience et la générosité. Ici, les gens sont bien entraînés à s'adapter à leur environnement, et ce, de merveilleuse façon.

Compte tenu du nombre impressionnant de pensionnaires et de visiteurs que nous recevons, nous distribuons en abondance une denrée de base en deux ou trois variétés différentes, afin de nous adapter aux goûts de nos hôtes venus de divers pays ou provinces indiennes. Pour plaisanter, je leur dis « Si vous ne parvenez pas à obtenir du ghee, prenez du lait. S'il n'y a pas de lait, demandez du lait de beurre. Si vous ne pouvez en obtenir non plus, servez-vous généreusement dans le Gange.» Il y a peu de chances qu'ils protestent. Il convient de faire preuve de beaucoup de prudence lorsque l'on cherche à s'adapter à certaines conditions. Autrement, la paix ne pourra être trouvée. Je recommande à mes étudiants de ne pas faire grand cas de leur corps, de leur pain ou de leur barbe. Ils ne doivent se préoccuper que de l'omniprésent Brahman.

Je prends soin d'apporter des fruits et autres aliments nutritifs à certains ouvriers de l'ashram occupé à une tâche importante, ou à pratiquer une intense sadhana dans le silence, en un mot, à ceux qui ont besoin de plus de nourriture. Je leur envoie spécialement des fruits, des biscuits et du beurre dans leurs kutirs. Je fais cela sans même qu'ils ne me le demandent.

Leur santé ne doit pas être dégradée au nom du tapasya. De même, je m'assure du bien-être de nos visiteurs. Un seul jour à l'ashram ne suffira point à leur faire changer leurs habitudes. Cela nuirait à leur santé. De plus, ils ne pourront pratiquer aucune forme de sadhana s'ils sont en train d'opérer un changement brutal d'alimentation, de vêtements et de relaxation. Ainsi, je n'impose aucune règle ni restriction alimentaire à qui que ce soit.

Même s'ils ont de mauvaises habitudes, comme boire du thé, du café ou fumer, je leur permets de continuer quelque temps. Une fois l'esprit purifié et fortifié, toutes les mauvaises habitudes s'évanouissent d'elles-mêmes. En cela, l'énigmatique atmosphère de l'ashram joue également un rôle. Une telle liberté permet, même aux disciples les plus apathiques, de se sentir chez eux à l'ashram, de se consacrer à un travail actif et de développer leurs talents cachés. Je suis particulièrement conciliant avec les personnes malades. Lorsque les fruits viennent à manquer au marché local, j'envoie un coursier spécial à Delhi, ce qui est une opération très coûteuse. Ainsi, je puis fournir des oranges aux patients de l'hôpital. Mieux vaut prévenir que guérir.

10. Aucune obligation, mais une totale liberté

Je laisse les résidents faire comme bon leur semble et travailler un moment dans le domaine de leur choix. Puis je fais naître en eux un goût naturel pour le travail bien fait et la sadhana. Je ne contrains personne. Certaines lettres que j'ai adressées à l'un de mes étudiants font état de ma méthode et de l'importance que j'accorde au bien-être et aux préférences de mes étudiants :

« Vous avez besoin de beaucoup de repos. Vous pourrez en jouir dès que la tâche en cours sera terminée. Ne vous donnez point la peine de travailler dur. Rien ne presse. Prenez votre temps. Ne vous faites aucun souci, cela est inutile. Je prendrai la responsabilité de toute erreur de votre part. Ne vous souciez en aucun cas des affaires de la Société de la Vie Divine. Si vous êtes capable de nous fournir un tant soit peu d'aide, vous pourrez le faire plus tard, si vous le désirez. Pour l'heure, vous en avez suffisamment fait. Soyez épanoui. Puis-je vous envoyer de l'argent pour couvrir vos dépenses ? »

« Après avoir lu un ou deux ouvrages, vous pourrez vous en retourner à Rishikesh. J'ai une suggestion, cependant : demeurez dans un village le temps de deux semaines afin de vous reposer. Cessez entièrement toute activité liée à l'imprimerie. Puis vous pourrez reprendre le travail. Si vous restez pendant un ou deux mois, vous pourrez accomplir un travail conséquent. Vous pourriez demeurer à Rishikesh pendant deux ans sans en sortir. Si votre santé le permet, réfléchissez à mon offre et rendez-vous à Rishikesh sur-le-champ. Le choix vous appartient. Vous êtes libre de faire comme bon vous semble. »

« Votre nom ne sera pas retenu dans les archives de la Société de la Vie Divine. Vous pouvez m'aider sans générer aucune trace écrite si vous le désirez, dès que vous trouverez un moment pour cela ou que vous le souhaitez. Vous êtes libre et le serez toujours. »

«Je remarque que par votre sincère affection, vous faites de moi votre obligé. N'ayez aucun Moha pour moi. Revendiquez votre indépendance. J'ai fait de vous un homme libre. Je vous serai plus utile à distance. Je ne désire pas que quiconque travaille trop longtemps avec moi.»

«Ne craignez pas le travail. Vous pourrez vous rendre à Uttarakashi l'an prochain. Il est inutile que vous réalisiez quelque travail que ce soit. En revanche, je vous demande de former et d'entraîner des personnes compétentes pour poursuivre votre tâche. De bonnes personnes sont saturées et absorbées par la machine à écrire. Je vous en conjure, n'interrompez pas le travail sur mes livres. Qu'ils se succèdent *ad infinitum.* Je suis persuadé qu'ils auront un énorme succès auprès du public, qui y trouvera les conseils pratiques dont il a besoin.

11. Veiller à ce que le travail soit fait

Je tenais autrefois un aide-mémoire pour me rappeler à qui je confiais telle ou telle tâche. Je l'appelais «WHIP». Même lorsque, sous l'effet de la pression, les étudiants oubliaient le travail que je leur avais confié, je ne les quittais pas avant qu'ils l'aient terminé. Avec politesse, je leur rappelais souvent leurs missions. Je le faisais avec humour et beaucoup d'affection, si bien que personne ne s'offensait de recevoir plusieurs rappels pour un même travail. Aux plus tamasiques, j'écrivais des messages plus formels, mais ajoutais à la fin quelques conseils afin de les mettre de bonne humeur. Quelques-unes de ces lettres sont retranscrites ci-dessous. Tout d'abord, je leur demande comment ils se portent et m'enquis de leurs progrès spirituels, puis leur demande où en est le travail que je leur ai confié :

«Comment allez-vous? Attisez-vous toujours la Flamme divine, même occupé à diverses activités menées à bien en vous rappelant Son Nom, en sentant partout Sa présence et en contemplant ses nombreux visages? Travaillez sans relâche. Méditez. Pratiquez le swadhyaya. Parlez peu. Ne vous mélangez point aux autres et ne soyez point avide de nouvelles. Allez vous promener seul le soir. Veillez à bien remplir le journal spirituel. C'est là votre gourou; il est à vos côtés. Écrivez le mantra «Hari Om» dix fois au début de vos lettres. C'est là un exercice simple de sadhana. Se souvenir de Dieu pendant les activités intensives, voilà ce qui mène à l'accomplissement de soi. Je vous en conjure, prenez grand soin de vous. Soyez assidu dans votre pratique du japa, de la méditation et dans vos études. Changez progressivement votre être et votre routine.

J'espère que le brahma chintana et le karma yoga vous maintiennent en bonne forme. Qu'en est-il de « La science du pranayama » ? Est-il prêt ? Pourquoi vous montrer si secret à ce sujet ? Pourriez-vous m'envoyer quelques versions finales ? »

« J'espère que vous vous portez bien. Pensez à Smaran de Rama, à Krishna ou à Shiva en travaillant. Ainsi, vous deviendrez un yogi et un jnani. Vous n'aurez aucun mal à pratiquer ce yoga tout en vaquant à vos diverses occupations. Trouvez l'énergie et la paix intérieure grâce à quelques minutes de méditation silencieuse chaque matin. Je vous le répète incessamment : Le monde n'est qu'un rêve, un jaalam, un tour de l'esprit. Il n'est que bhrama (simples apparences). Vous êtes Atman (Satchidananda). Affirmez-vous. Reniez votre corps. Allez au-delà de vous-même et prenez votre place dans le bhav. Ressentez cela : « Je suis Un. Ekam, chidakasa, Brahman akhanda, l'être suprême. Je suis sakshi, je suis akarta. Éradiquez les indriyas et vasanas qui sifflent. Votre essence d'Upanishad vaincra sans mal l'ignorance. Envoyez-moi un récapitulatif de vos activités des dernières vingt-quatre heures, je vous prie. »

Je ne perds jamais de vue l'intérêt spirituel de mes étudiants et leur rappelle constamment le but de leur existence et l'importance de la sadhana malgré la charge de travail que leur impose la mission du Seigneur. Voici une autre lettre :

« Ce monde est deergha swapna. Vous êtes vyapaka atma. Imprégnez-vous de cette idée entre toutes. Je suis très souvent amené à insister sur ce point. Veuillez accuser réception du « Sat Gourou Mani Mala ». Si vous ne le faites pas, vous recevrez des rappels jusqu'à ce que j'obtienne une réponse. Pour nous épargner cette opération fastidieuse, veuillez répondre « Oui, ai reçu Sat Gourou Mani Mala ». Cela nous fera économiser bien du temps et de l'énergie. »

« Je vous ai écrit à plusieurs reprises au sujet de la compilation de toutes les lettres que je vous ai adressées dans un livre. Il suffira d'en élaguer certains passages répétitifs et de sélectionner les enseignements qui seront les plus utiles aux aspirants. Je n'ai reçu aucune réponse de votre part. Si vous n'avez nulle envie d'accomplir cette tâche pour le moment, je puis attendre. Ce travail ne vous coûtera que peu d'efforts. Vous pouvez le faire à votre rythme.»

12. Message d'encouragement

Je ne crois pas aux scandales. Je suis prêt à pardonner même le pire pécheur. Chacun peut devenir meilleur et avancer sur le chemin de la spiritualité. Je souhaite voir mes disciples forts, heureux et courageux. J'attends d'eux qu'ils se consacrent à la mission divine avec entrain. Cette volonté est manifeste dans mes courriers :

«Ne dilapidez point votre énergie en inquiétudes stériles. Notre travail progresse à grands pas. Faut-il nous préoccuper du scandale qui nous affecte ou poursuivre notre pratique du yoga ? Pardonner, tel doit être votre maître mot.

«Peu importe que l'on vous photographie au bras d'une jeune femme et que l'on publie ces images dans les journaux. Je n'en croirai rien. Il s'agira sans nul doute de l'œuvre d'artisans de scandales. Même si je vous surprenais avec une jeune femme, je vous pardonnerais. Ce ne sont qu'égarements sur le chemin de la lumière, et non des crimes haineux. Je vous dirais «Ne faites plus cela à l'avenir. Poursuivez votre progression sur le chemin de la lumière.» Vous vous tourmentez inutilement. J'avais l'intention de vous envoyer un télégramme pour vous redonner le sourire. Il vous faut accomplir beaucoup de nobles tâches. Je prépare le terrain en vue de vos futures activités spirituelles.

«Je souhaite que l'Inde ait la chance d'abriter maints étudiants tels que vous. Soyez sans crainte et toujours enjoué. Faites triompher partout la vérité. Affirmez-vous. Préparez-vous et prêchez partout le vedanta, le yoga et le bhakti. Ne vous faites pas le moindre souci. Nulle personne au monde ne peut vous blesser. Vous êtes invincible. Rugissez tel le lion sur l'estrade de la Vérité. Bientôt, vos légères imperfections disparaîtront. N'ayez aucune crainte. L'atma est pureté. Il est niranjan, absolument parfait. Vous êtes niranjan. Cramponnez-vous à cette idée et vos impuretés se volatiliseront. Cette méthode positive vient à bout des défauts. La force, la joie, la paix, la félicité et l'immortalité sont votre essence. Soyez confiant et avancez.»

13. Ma posture face à la calomnie

Cette lettre de 1937 est adressée à l'un de mes étudiants après que ce-lui-ci ait publié un pamphlet accablant le fondateur d'un ashram célèbre au Pendjab :

« J'ai appris que vous aviez fait paraître un pamphlet dans lequel vous vi-lipendiez indirectement un ashram au Pendjab. Vous n'auriez pas dû faire une telle chose. Cela tient de la calomnie. Laissez le passé derrière vous. Un tel acte n'est pas digne d'un sannyasi. Seuls des hommes d'affaires mesquins sont capables d'une telle conduite. La sannyasa est synonyme de pardon. À l'avenir, ne faites plus rien de tel. Indirectement, cela m'affecte. Comment vous portez-vous ? »

J'attends de mes disciples qu'ils ne se mêlent point de ce qui n'est pas leur affaire et se gardent de gaspiller leur temps et leur énergie à ergoter sur les affaires d'autrui. Je veux qu'ils aient une vision d'ensemble, acquièrent l'équilibre spirituel et apprennent à faire preuve de tolérance et de magna-nimité. La lettre continue ainsi :

« Votre travail souffrira de la moindre agitation. Gardez le silence et consa-crez-vous entièrement à votre tâche. N'entretenez nulle relation avec qui-conque. Laissez le temps faire son office pour nous mener vers un dénoue-ment pacifique. Oubliez tout cela. Vous êtes encore très faible. Au lieu de vous laisser manipuler par les « mots », de céder à la tromperie, soyez ada-mantin. « Œil pour œil, dent pour dent » ; cette maxime est bonne pour les hommes d'affaires, non pour les sannyasins. Savoir faire fi des injures et des affronts, tel est leur svabhava. Il s'agit d'une force spirituelle, d'un équilibre. Se laisser émouvoir par des choses futiles, vivre dans l'inquiétude des mois durant et gâcher son énergie en bagatelles, voilà une attitude bien peu sage.

« Gardez le silence. Ne ressassez plus les histoires du passé. En tournant ain-si votre attention vers des considérations triviales, vous gâchez votre éner-gie. Une telle erreur portera préjudice au bon déroulement de notre tâche. Cessez de vendre les copies qu'il vous reste de ce pamphlet et détruisez-les. Le fondateur de l'ashram est un ami très cher, un frère. Gardez-vous de toute action qui pourrait lui causer le moindre souci, même indirectement. Vous savez quelles paroles blessantes vous avez publiées. Oubliez tout cela. Reposez-vous en paix. Ne laissez voir aucun écrit de ce genre. Réservez votre plume à la philosophie, au yoga, au bhakti et au vedanta. Cessez de distribuer de tels tracts. Même si vous êtes dans votre bon droit, vous vous devez de faire preuve d'empathie face à l'offense faite à autrui. Cessez de publier de tels écrits, même si vous disposez du matériau nécessaire. Soyez prudent. Comment pouvez-vous taquiner et retourner encore et encore le couteau dans la plaie lorsque vous constatez qu'autrui est en souffrance ? Une telle conduite n'est pas le dharma d'un sannyasin. Combien de temps encore envisagez-vous de vous livrer à ce type d'activités ? Préservez votre esprit, consacrez-vous aux publications de l'ashram, à la méditation ou à toute autre tâche utile.»

14. Ne pas s'abaisser à la critique

Je refuse de perdre mon temps en débats stériles. Je m'intéresse uniquement aux actions rapides et à l'obéissance. Je ne souhaite pas que mes disciples se laissent ébranler par les critiques. D'où ma véhémence :

« L'affaire est sérieuse. J'aimerais qu'à l'avenir vous gardiez le silence. Il vous faut réagir immédiatement. Je ne désire pas entendre vos arguments. Cette affaire doit cesser sans délai. Peut-être suis partial et injuste. Vous n'avez nul besoin de me répondre. Veillez seulement à accéder à ma requête sans tarder… Le sannyasa consiste en un travail constructif et pacifique. Que puis-je vous écrire d'autre ? Êtes-vous l'Atman ou le corps et l'esprit ? Bien que vous ayez lu mille fois mon œuvre complète, vous restez attaché aux notions de corps et d'esprit. On peut critiquer votre corps ou votre esprit. Vous-même les haïssez. Ceux qui critiquent votre corps sont vos véritables amis. Alors, pourquoi vous alarmer ? Vous êtes faible. Passez outre les remarques malveillantes. Pourquoi vous appesantir sur le passé ? Il s'agit là d'une mauvaise habitude. Vous ne pouvez accéder à la sérénité. Élevez-vous au-dessus des critiques et des remarques. Soyez bon envers l'homme qui tente de vous tuer et de vous empoisonner. Mettez cela en pratique.

«Vous avez beaucoup appris de cette mésaventure qui vous tracassait. Tout cela faisait partie d'un dessein supérieur visant à vous faire acquérir plus d'expérience.

Le bien peut naître du mal. Vous êtes dorénavant plus fort et plus sage. À présent, reposez-vous en paix et travaillez telle une fourmi. La joie, la félicité, le pouvoir, la force, la magnificence et la gloire sont votre héritage divin.

Agissez comme si vous étiez l'empereur du monde. Affrontez les difficultés avec courage et tirez de ces moments votre force intérieure. Dieu vous a accordé une bénédiction particulière. Il a fait de vous un brahmachari et a coupé toutes vos entraves, vous accordant la liberté absolue. Où donc trouver de la place pour l'apitoiement, le désespoir, le chagrin, l'inquiétude et l'abattement ? Souriez. La bonne humeur, la paix, le service divin, la pratique du yoga, le partage des savoirs font tous partie intégrante de votre être à présent. Je suis à tout moment à vos pieds, prêt à vous servir. Soyez-en assuré. Sautez de joie, dansez avec tout votre cœur. Marchez tel un lion. Transmettez joie, sérénité et force à chacun autour de vous.»

15. Constance et reconnaissance

Je n'oublierai jamais tout ce que mes disciples ont accompli afin de servir le Seigneur. Même si pour l'une ou l'autre raison ils me quittent, je n'oublie jamais le travail qu'ils ont fourni. Ils continuent de vivre dans mon cœur. La lettre se poursuit ainsi :

«Sachez toujours cela : je suis à votre service, je ne vous souhaite que du bien. Je suis votre ami, votre frère. Même si vous me quittez, je ne puis faire de même. Je ne vous quitterai pas. Vous vivrez à jamais dans mon cœur. Je ne puis prononcer aucune parole malveillante envers qui que ce soit. Si quelqu'un fait une telle chose, je suis peiné pour cet homme. J'aimerais le remettre dans le droit chemin. Peut-être vivrez-vous cela un jour. Peut-être l'avez-vous déjà vécu. Je remercie le Seigneur de m'avoir accordé une infime partie de sa sagesse. Je ne suis pas dévoré par l'ambition. Dieu m'a fait don de cette qualité. Telle est sa miséricorde.

«Tout est clair à présent. Laissez le Seigneur vous bénir de sa grâce et de sa miséricorde. Je me rends moi-même à la poste afin d'expédier cette lettre. Comme il est difficile d'appréhender l'esprit d'un homme que l'on a pourtant côtoyé de près pendant des années et de comprendre même son propre esprit. Dieu seul connaît l'identité du coupable. Pour avoir passé beaucoup de temps en ma compagnie, vous me connaissez fort bien. Il eût été agréable de ne plus mentionner cette histoire de faux courrier dans notre correspondance. Vous auriez pu m'en parler à votre prochaine visite à l'ashram, bien que vous ayez des raisons de trouver la signature et l'enveloppe suspectes. Toute cette affaire n'est qu'embêtements pour vous, pour moi et pour tout le monde. Vous et moi n'avons nul temps à lui accorder ni énergie à gâcher en pareilles âneries. Chaque seconde de notre existence devrait être consacrée à la méditation et à servir notre Dieu.

« Vous n'auriez jamais dû me croire capable de vous adresser de tels propos. En cela, vous avez fauté. Peu importe. Les erreurs sont source d'enseignement.

« Même si mille personnes empoisonnaient mes oreilles et mon esprit avec de viles paroles à votre égard, jamais je ne les écouterais. Votre existence même fait honneur à moi-même, à l'Inde et au monde entier. »

16. On ne peut échapper au mal

« Nous vivons dans un monde étrange et devons apprendre bien des leçons. L'un des disciples du Seigneur Jésus a trahi le Seigneur. Nombre d'obstacles se dressent sur la route de tout apprenti, à chaque étape de sa progression. Il vous faudra montrer notre force. Ne vous laissez pas émouvoir par des bagatelles. Soyez enjoué. Souriez. Marchez avec entrain. Effacez cet incident de votre cœur et de votre esprit. Concentrez-vous sur l'essentiel. Vous avez encore bien des prouesses à accomplir. La prakriti vous y prépare de bien des manières. Ressentez cela. Remercier le Seigneur.

« Malgré ces mésaventures, je ne puis me défaire de Sri « B », de Sri « A » ou de Sri « Y ». Tous sont destinés à apprendre de leurs erreurs. Oubliez tout du passé. Comme je vous l'ai écrit plus haut, je prendrai les dispositions nécessaires pour que vous puissiez vivre à l'ashram de Brahmananda et vous restaurer à l'écart des autres. Vous n'aurez nulle obligation de vous mêler aux autres. Vous êtes en mesure de servir les plans de Dieu. On ne peut purger nulle région du monde de ses résidents malveillants. Où que vous alliez, vous devrez vivre parmi eux. Mais faites preuve d'atma bhav. Cela changera tout.

« Tâchez d'aimer tous vos semblables, même le pire de tous les hommes qui tenterait de vous tuer. Tel est le sannyasa. Un sannyasin est un homme détaché de son corps. Nous sommes destinés à vivre parmi des gens qui souhaitent notre mort, dans des environnements inhospitaliers, à travailler et à méditer. À ces seules conditions, nous pouvons grandir. Alors, seulement, on peut développer l'esprit lucide d'un sage. Cela nécessite une force intérieure incroyable et une foi inébranlable envers la sadhana.»

17. Ma manière de réagir face à des disciples turbulents

Un de mes étudiants a écrit une fausse lettre en imitant ma signature et l'a envoyée à un autre ouvrier important, à Madras. Ce dernier en a été très irrité et affecté. La lettre suivante détaille la méthode que j'utilise afin d'établir la paix et une compréhension mutuelle. Ce courrier date du 8 septembre 1937 et explique mon attitude et ma manière de travailler. Même lorsque l'ashram tout entier est ébranlé, je m'en tiens à mes principes, qui sont les suivants :

«Je ne puis pas même rêver de me montrer cruel envers qui que ce soit. J'aime tout le monde, même le pire de tous les hommes qui souhaiterait me supprimer. Même si mes étudiants me quittent, je ne puis faire de même. J'unis les travailleurs grâce à ma colle spirituelle, le mantra «Om Namo Narayanaya».

Voilà une retranscription complète de la lettre que je mentionne ci-dessus et qui décrit mon attitude face à la dissension :

Cher Sri Swamiji,

Pranams, je ne vous ai à aucun moment adressé une telle lettre. Il s'agit d'une supercherie. Prenez la peine de comparer soigneusement cette signature aux autres et vous serez en mesure de reconnaître le faussaire. Veuillez m'envoyer la lettre en courrier recommandé afin que je puisse l'examiner. Je présume qu'elle est dactylographiée. Seriez-vous en mesure de dire si elle a été tapée sur notre machine ou sur une autre et de deviner l'identité du faussaire parmi nous ?

Il y a quelques jours, l'ashram a connu quelque agitation. Swami «B» a commis un méfait. Je lui ai donc demandé de partir. Sri Swami «A» et «R», ses amis, l'ont suivi dans son exil. À présent, ils vivent tous les trois à Rishikesh. Leurs actes visaient à semer la discorde entre vous et moi et à chasser Swami «Y», leur ennemi. Avec le recul, je crois que telles étaient leurs motivations. Sri «B» voue une haine sans borne à cet ashram et quelqu'un a également mis le feu au lit de Sri Swami «N».

Vous auriez dû comprendre d'emblée : «Swamiji n'écrira jamais avec une telle froideur. Ce doit être le fait de personnes mal intentionnées.» Tout ira bien. N'ayez crainte. Lorsque vous viendrez, vous pourrez vivre isolé à l'ashram Brahmananda. Vous n'aurez nul besoin d'aller chercher votre nourriture dans nos cuisines. Je prendrai des dispositions spéciales pour votre approvisionnement. Venez à l'ashram dès que votre travail sera terminé. Vous n'avez pas un instant à perdre. Ne vous faites aucun souci à propos de cette fausse lettre. Elle est l'œuvre de malfaiteurs. Ceux qui commettent de mauvaises actions récolteront les fruits de leurs actes. Telle est la loi du karma : impitoyable. J'avais l'intention de vous envoyer un télégramme : «Ne vous inquiétez pas. C'est une contrefaçon. L'œuvre d'un malfaiteur. Ci-joint la lettre.» Puis j'ai pensé qu'une missive détaillée aurait le mérite d'expliquer clairement les faits.

18. Découvrir un problème n'est point le résoudre

En temps normal, je ne donne pas suite à ce genre de choses. Cela donne lieu à des débats interminables entre les différentes parties. Je suis tout à fait conscient qu'une enquête ne fera qu'envenimer les choses. Pour donner satisfaction aux protagonistes de cette affaire, j'ai enquêté et ai fait part de mes conclusions dans la lettre reproduite ci-après. Je laisse le temps faire son office et calmer la situation. La lettre se poursuit ainsi :

«Ce matin, j'ai rassemblé tous les occupants de l'ashram et les ai interrogés au sujet de notre affaire. Nulle conclusion n'a pu être tirée. Dieu seul connaît toute la vérité. Je n'ai nul pouvoir de clairvoyance pour me permettre de démasquer les coupables. Vous pouvez vous y essayer vous-même. Êtes-vous en mesure de reconnaître notre homme en vous basant sur le style de frappe ? Quand bien même vous y parviendriez, jamais le coupable n'avouerait sa faute. Ne vous souciez plus de tout cela. Soyez heureux. Tout est faux; quelque jaloux a commis un forfait. Retrouver les coupables est une opération extrêmement délicate. Rien ne presse, venez quand vous le désirerez s'il y a du travail du fait de l'agitation causée par cette affaire. Soyez serein. Travaillez suffisamment. Cueillez chaque lumière de l'esprit et soyez calme. Oubliez le passé. Travaillez autant qu'il vous est possible. Consacrez-vous corps et âme à votre tâche. Gardez-vous de toute agitation. Ces petites nuisances et difficultés visent à nous rendre plus forts, vous et moi. Nous ne devrions pas nous laisser troubler. Toutes ces choses arrivent afin de nous rendre forts, afin de faire de vous un homme meilleur.

« J'ai découvert une chose : vous perdez rapidement votre calme. À la lecture de votre lettre, j'ai été extrêmement surpris. Je ne parvenais pas à déterminer à qui vous vous adressiez, car je ne vous avais jamais rien écrit de tel. Même si vous avez identifié cette signature comme étant la mienne, même si l'enveloppe portait ma propre écriture, vous auriez dû vous douter que quelqu'un avait tenté de vous duper. Même si j'avais pu tenir de tels propos, je l'aurais fait dans votre intérêt ou celui de quelqu'un d'autre. Vous avez commis une grave erreur. Je suis incapable de blesser qui que ce soit. Je ne puis pas même rêver de blesser cet homme qui me fait tant de mal. Je cultive cette vertu. Soyez à tout instant assuré de cela, même si de telles choses devaient se reproduire à l'avenir. »

19. La voie du succès

Lorsque j'entame un travail,
Je le termine à tout prix.
Lorsque je commence à écrire un livre,
Je le termine, d'une manière ou d'une autre.
Lorsque j'aborde l'étude d'un ouvrage,
Je la termine avant d'en étudier un nouveau.
Je ne laisse jamais rien inachevé.
Je reste concentré sur mon sujet et
Réfléchis intensément, sans nulle distraction.
Je suis ferme et résolu.
Je travaille avec la plus grande application.
Je suis tenace, opiniâtre.

20. Comment changer un homme

Honorez ceux qui ont un mauvais caractère. Servez le vagabond en premier. Traitez-le comme un futur saint, comme s'il en était déjà un. Cela purifiera votre cœur et rendra l'homme meilleur. Je prends un plaisir tout particulier à servir ce genre de personnes avec soin. Je m'entoure toujours d'un certain nombre d'individus prêts à me malmener, me calomnier, m'injurier et même à tenter de me blesser. Je souhaite leur venir en aide, les éduquer, les rendre meilleurs, les transformer. Je m'adresse à eux avec le plus grand respect. Honorez le vagabond ou le voleur, proclamez publiquement qu'il est un saint et la honte le poussera à cesser ses agissements malhonnêtes. Répétez sans cesse à un homme colérique qu'il est un « Santa Murti » (un homme de paix) et il aura honte de s'emporter. Dites à un homme paresseux «Vous êtes un travailleur assidu» et il renoncera à la fainéantise pour se dévouer corps et âme au service des autres. Telle est ma méthode. Le compliment doit venir du plus profond de votre cœur. Vous devez insuffler dans chaque mot toute votre force spirituelle. Il vous faut être véritablement convaincu que derrière ce défaut manifeste se cache le potentiel d'une merveilleuse qualité. Ainsi, vous et lui en tirerez un bénéfice.

21. Ma vision des goondas

Les bonnes personnes sont déjà vertueuses.
Seuls les goondas nécessitent mon intervention.
Telle est la mission qui me caractérise.
Un goonda est un homme négativement vertueux.
Son existence a pour but de glorifier les bonnes personnes
Le Seigneur Krishna lui-même est un goonda.
Dans la Gita, il affirme :
«Dyutam chhalayatamasmi»
«Je suis le pari du tricheur.»
Rudri dit : «Taskaranam pataye namah»
«Incline-toi devant le seigneur des voleurs.»
Mon ashram accueille toutes sortes de disciples.
Le monde me considère comme le gourou des voleurs et des bandits.
Gloire à la mission divine.
Les ondes spirituelles de ce lieu sacré
Font d'eux des êtres divins, des yogis, des saints !

22. Anéantir l'abhimana (l'égoïsme)

Il est bon de se souvenir que les sattvas, rajas et tamas ont leurs propres «crochets» pour retenir la Sadhaka et l'empêcher de s'élever vers les dimensions parallèles. Le crochet du sattva est le plus subtil de tous, et donc le plus délicat à déceler. Non loin du sannyasa rôde le sannyasa abhimana. Bien qu'il confère au disciple une plus grande liberté d'explorer plus avant que d'autres, celui-ci reste entravé. Avec le tyaga vient également le tyaga abhimana, le plus subtil et dangereux de tous. Nul ne peut en triompher. Il en va de même pour le seva-abhimana. L'égoïsme prend bien des formes. Il enveloppe le sannyasa, le tyaga et même le seva de son manteau et les corrompt. Une Sadhaka désireuse d'œuvrer à l'accomplissement de lui-même serait bien avisée de se protéger convenablement et de veiller à ne point contracter ces formes plus subtiles d'abhimana.

23. Un professeur idéal

Je demeurerai toujours un étudiant vorace
Je ne suis pas un professeur
Mais c'est ce que Dieu a fait de moi
C'est ce que mes disciples ont fait de moi.
Je forme au plus tôt mes étudiants à enseigner
Tel est le professeur que je suis.
Je m'adresse à eux en des termes respectueux comme
« Maharaj », « swamiji », « bhagawan », « narayan »,
Je les traite comme mes égaux
Je les mets sur un pied d'égalité
Tel est le professeur que je suis.
Je leur permets d'apprendre de ma propre histoire
Je fais d'eux des mahants, des serviteurs de l'humanité
Des présidents, des conférenciers, des écrivains, des swamis et des yogis
Des fondateurs de sociétés spirituelles, des poètes, des journalistes,
Des propagandistes, de divins pilleurs de poubelles, des yogis, des êtres en bonne santé,
Des dactylographes, des maîtres yogis, des atma-samrats,
Des karma yogi veeras, des bhakti bhushans, des sadhana ratnas
Tel est le professeur que je suis pour ceux qui cherchent la Vérité.

24. Venez, venez mes amis

Nul ne peut résister à mon appel,
Il a transformé d'innombrables hommes.
Ne gâchez point vos précieuses vies
En jeux de cartes et en paresseux commérages
Renoncez au tumulte des débats et des disputes
Éliminez chaque source de plaisir
Affranchissez-vous du confort
Faites brûler l'essence de la luxure
Détruisez la forteresse de l'égoïsme
Vite, vite mes amis !
Chantez jour et nuit le nom du Seigneur
Plongez maintenant dans un océan de félicité.

Et aventurez-vous sur le territoire sans fin des profondeurs de l'atma.
Venez, venez mes amis, faites ce grand saut, soyez prompts
Ne tardez point ; jouissez de cette délicieuse sagesse.

CHAPITRE ONZE

Conseils pratiques sur la Voie Spirituelle

1. Entraînement des étudiants par correspondance

Je n'ai pas de leçons de yoga dactylographiées et imprimées pour encadrer les étudiants par correspondance. Généralement, je leur envoie quelques-uns de mes livres adaptés en fonction de leurs goûts. Je leur donne des leçons par la poste. Les leçons sont bien classées. Ils m'écrivent au sujet de leur routine quotidienne, leur bien-être et leurs progrès. Ils tiennent le Journal Spirituel à jour et suivent mes « Vingt instructions spirituelles importantes ». Je les aide avec des conseils et supprime leurs problèmes et les obstacles. J'envoie mon énergie de pensées sereines. À l'aide de cette attention personnalisée, des milliers d'étudiants de tous les pays ont fait de formidables progrès. Pour les cours avancés, ils viennent à l'Ashram et restent quelques semaines ou quelques mois avec moi et reçoivent leur initiation.

Tous aiment ce type d'attention individuelle. Je n'exige pas d'argent pour les cours de yoga et séjours à l'Ashram. Tous les étudiants viennent invariablement me payer généreusement ou prennent plaisir à apporter volontairement leur modeste contribution au progrès de l'institution et à aider la Société à propager ce savoir. À travers de telles actions, ils obtiennent le Chitta-Suddhi et progressent spirituellement.

Dans les pages qui suivent, vous trouverez des reproductions de mes lettres types à différents aspirants, définissant les méthodes de mon entraînement sur la voie du Yoga, la perspective spirituelle. Je fais ressortir pour tous les idéaux moral et éthique. J'exhorte les autres à les imiter ; en bref, en leur montrant comment mener une vie divine.

2. La voie vers la paix

Ashram Swarg,
16 août 1930

Vénéré Frère,

Ta bonne conduite. Je te remercie en effet. Lève-toi à quatre heures du matin. Aie une chambre de méditation sous clé. N'autorise personne à y entrer. Aie une image de la Gayatri, de la Gita, etc. dans la chambre. Médite sur la Gayatri. Répète le Gayatri Mantra en le chargeant de son sens. Concentre-toi sur le Trikuti, l'espace entre les deux sourcils, avec les yeux clos. Assieds-toi dans la position de padmasana[1]. Essaie de garder cette position pendant deux heures sans interruption. Étudie régulièrement la Gita. Dis la vérité à tout prix. Contrôle ta colère. Aide les pauvres gens, les malades et les saints. Dépense davantage pour la charité. Cela purifiera ton cœur. Ne t'associe pas aux personnes superficielles. Aide, aime et respecte chacun. Renonce à la ninda[2], à la médisance, au blâme, à colporter les ragots. Sois humble. Sois dévoué. Parle gentiment. Tu entreras dans la paix. Observe le Mauna une heure par jour, et trois heures pendant les vacances.

Bien à toi, fraternellement,
Swami Sivananda

3. Aie une immense soif pour la connaissance

Je déconseille aux aspirants d'être émotifs et impétueux lorsqu'ils prennent la voie de la renonciation, mais leur recommande de cultiver assidûment un désir ardent de la vie spirituelle bien qu'étant toujours dans ce monde.

Swargashram, Kutir 22,
29 août 1930.

Om Sat-Chit-Ananda,

Tu es l'Atma. Tu es immortel. Sois sans crainte. Invoque la majesté de ton Soi. Affranchis-toi des duperies de l'esprit et des objets matériels. Mes chers yogis, que Dieu vous bénisse.

Parcourir tes lignes du 21e instant m'emplit infiniment d'aise. Tu es un homme de samskaras spirituels. Cultive-les. Protège-les. Augmente-les.

NE VIENS PAS À MOI

Si tu en es capable et si tu es certain que tu ne deviendras pas une menace pour la société, si tu peux contrôler ton désir, sois un Brahmachari jusqu'à

---

1. Les jambes pliées dans la position du lotus
2. La critique

la fin de tes jours (Naishthika Brahmachari). Tu n'es pas riche. Comment peux-tu t'occuper d'une famille et d'enfants ? Cela exclura ton développement spirituel.

Un simple enthousiasme ne conviendra pas. De simples émotions ne conviendront pas dans la ligne spirituelle. Ce n'est pas une voie toute rose. Elle est remplie d'épines, de scorpions et de serpents. Ce chemin est accidenté, abrupt, extrêmement difficile, mais il est aisé pour un homme très déterminé : «Je dois l'accomplir ; j'y sacrifierai même la vie.» Il est nécessaire d'avoir ce type de soif ardente de connaissance.

Développe graduellement les vertus sattviques : la patience pour contrer la colère, la satisfaction pour contenir l'avidité, l'aide (Seva Bhava) pour détruire l'orgueil, l'arrogance. Développe l'humilité, la parole de vérité, la Titiksha (en supportant la chaleur, le froid, la douleur). Aime chacun. Sois aimable avec chacun. Ne t'irrite jamais ni ne t'agite. Tiens un journal de ton développement spirituel. Note tout. Vis parmi des individus développés. Visite la Mission Ramakrishna et sers les Mahatmas. Sers tes aînés avec enthousiasme, amour et (une profonde) affection.

Dissipe tes doutes. En te souhaitant paix et béatitude,

Bien à toi
Sivananda

HARI OM TAT SAT

OM SANTI !

Procure-toi une copie de ma *Sadhana Yogique & Vedantique*.

À l'avenir, envoie-moi une carte postale ou une enveloppe pour ma réponse.

4. Ne te hâte pas de quitter le monde

À l'attention de la Maison Vizianagaram,
Camp/Calcutta,
12 décembre 1930.

OM SAT-CHIT-ANANDA

Viens quelque temps à Rishikesh. Tu en apprécieras sans aucun doute la solitude et les vibrations spirituelles. Donne mon nom. Les gens te recevront et t'aideront. Reçois le Darshan de Sri Swami Advaitanandaji, Sri Swami Tapovanji Maharaj, Sri Swami Purushottamanandaji. Ils sont tous en contact étroit avec moi — des âmes avancées.

Ne te hâte pas de quitter le monde. Le monde est une arène dans laquelle développer des qualités sattviques variées. Le monde est le meilleur enseignant pour ceux qui veulent en tirer avantage. Reste un peu plus longtemps là-bas. Acquiers et profite. Vairâgya provient de Bhoga. Ensuite il est fort, stable et intense. NE TE MARIE PAS. C'est un autre point. Le monde n'est pas un enfer. Il est entièrement Ananda lorsque l'ego et Raga-dvesha s'éteignent. Change ton attitude mentale. Viens voir tous ces endroits et les Mahatmas. Tu auras l'inspiration.

Mène une vie divine lorsque tu seras là-bas. La voie spirituelle n'est pas toute rose. Elle est pleine d'épines. Qualifie-toi. Atteins la pureté et la force spirituelle à l'aide du Japa et de la méditation. Réconforte-toi.

En te souhaitant le Kaivalya Moksha,

Swami Sivananda

Hari Om Tat Sat
Tat Tvam Asi

5. Regarde avant d'avancer

Les deux lettres précédentes, adressées à l'un de mes disciples, montreraient comment je mets les aspirants en garde contre toute décision hâtive. Mais lorsque je trouve que l'un est doté d'un fort vairgya et d'une détermination inébranlable, je suis immédiatement empli de joie et enchanté. En ces temps-là, alors que je vivais seul et que je n'avais pas d'Ashram à moi, j'étais peu disposé à avoir des disciples à mes côtés. Je voulais que personne ne vienne ni ne reste avec moi. De ce fait, dans le cas de l'aspirant évoqué plus haut, lorsque je vis qu'il avait une aspiration forte et une volonté indéfectible, il m'apparut qu'il serait mieux pour lui de rester dans un Ashram actif afin qu'il puisse s'améliorer rapidement. Je préférai donc renoncer à mes propres intérêts en ne servant pas moi-même les aspirants, et en m'assurant toujours de leur propre bien-être et du développement d'autres institutions religieuses.

Mon Soi adoré,

Ta dévotion envers Dieu et la religion vont sans aucun doute t'élever du samsara. Que Dieu t'octroie la force spirituelle et le pouvoir afin d'atteindre la But de la vie — la réalisation de Dieu.

Aie l'amabilité de rejoindre Sri Aurobindo Ashram ou le Ramakrishna Mission. Là-bas tu t'amélioreras grandement. Je te le promets. Je te l'assure. Demeure à l'Ashram pour quelques années. Tu pourrais venir ici pour une visite, et non pour un séjour permanent. REGARDE AVANT D'AVANCER. Réfléchis. Étudie bien la chose. Le monde est le meilleur enseignant. Il te faut beaucoup acquérir. Ne te hâte pas, ne t'enfuis pas dans les grottes de l'Himalaya. Le dynamisme de la jeunesse, l'enthousiasme juvénile pourraient ne pas t'aider beaucoup. Cette ligne est un chemin pénible et hasardeux. Il se peut que tu ne saches pas comment passer ton temps de manière utile ici.

Je ne suis qu'un simple sâdhu. Je ne te serai peut-être pas d'une grande aide. De plus, je ne prends pas de disciples. Je peux être ton ami sincère jusqu'à la fin de ma vie. Je n'aime pas rester aux côtés des personnes pendant longtemps. Je donne des leçons pendant quelques mois et je leur demande de méditer dans quelque centre solitaire au Cachemire ou à Uttarkashi.

Je me répète : rejoins un bon Ashram où tu gagneras en spiritualité. Supporte les difficultés. La fin est l'immortalité, l'infini Ananda.

Ton Propre Toi,

Swami Sivananda

Remonte ton moral. Sois libre, courageux, sans crainte. Tu es le fils de Nectar. Hari OM Tat Sat. Développe ta patience. Dis la vérité. Contrôle ta colère. Développe la Titiksha. Aide. Aime. Pardonne aux autres. Parle un peu. Parle gentiment.

6. Extraits concernant l'évolution

Voici quelques instructions précieuses sous forme de tableau : brèves, allant droit au but et organisées pour une application immédiate.

Swargashram,
3 octobre 1930.

(a) N'aie aucune crainte.

(b) N'aie point de peine.

(c) Tu es Sat-Chit-Ananda Rupa, Amrita Atma. Tu n'es pas ce corps Jada. Que Dieu te bénisse.

Consulte donc mon livre : *Le Mental, ses Mystères et son Contrôle.* Les leçons te seront très pratiques pour progresser dans la méditation. Économise autant que tu le peux. De nos jours même le sannyasin a besoin d'argent, en raison du manque de soutien des propriétaires. Aie ces deux centres de plaisir : l'ÉTUDE et la MÉDITATION. Sépare-toi de tous les centres de plaisir extérieurs.

1. Recherche. Comprends. Réalise.
2. Analyse (les objets). Réalise (leur véritable nature) et abandonne.
3. Connais-toi toi-même et sois libre.
4. Demeure toujours centré sur ton Soi.
5. Prie et sois vertueux.
6. Sois ambitieux et élabore.
7. Renie (le corps) et affirme (le brahmane)
8. Tat Tvam Asi : n›oublie jamais ceci.

SIVANANDA

7. Fais s'ouvrir le divin latent

En accord avec mes conseils, l'aspirant a rejoint la Mission Ramakrishna, en restant toutefois en contact avec moi. Je ne lui ai pas refusé mon attention constante et mes instructions pour son évolution, car je considère tous les Ashrams comme les miens et ne reconnais de monopole sur aucun des aspirants qui viennent à moi pour être conseillés :

Swargashram,
Rishikesh.

Vénéré Frère,

Om Namo Narayanaya. Que Dieu te bénisse.

Je suis revenu d'un long voyage au mont Kailash. Je suis heureux d'apprendre que tu as rejoint la Mission Ramakrishna. Mes félicitations sincères. Reste à l'Ashram avec la ténacité d'une sangsue. L'Ashram est le tien. Ressens cela. Tu es destiné à évoluer. Tu es le Soleil des soleils. Tu es l'espoir du monde. Tu as pris une toge responsable. Fais s'ouvrir la divinité. Que la sainteté, la splendeur et la gloire t'accompagnent.

Tu t'es détaché de tous les liens terrestres. Tu peux désormais poursuivre ton chemin sans entraves. Reste dans la Mission et sers tous les aînés avec respect, sincérité et désintérêt. Dis la vérité à tout prix. Dire la vérité ne peut faire de mal à personne. Cela t'apportera du pouvoir spirituel. La vérité ne peut s'accomplir que lorsqu'on la dit. Contrôle ta colère en développant ta patience, Kshama, l'amour cosmique, l'aide et la Daya. Il te faut cultiver l'humilité, la magnanimité (Audarya) et le courage.

Il faut réaliser six heures d'étude et six heures de méditation sans interruption. Ceci est ma méthode. Vis dans le présent concret. Abandonne toute forme d'espoir imaginaire. Même si les gens te persécutent, te haïssent, te raillent, reste silencieux. Ne te venge pas. Étudie le « Sermon du Mont » quotidiennement avant de commencer à travailler. Je te cite un passage. Si tu te le rappelles une fois par jour, tu seras sage. Pratique ceci en permanence :

« Aimez vos ennemis, bénissez ceux qui vous maudissent, faites du bien à ceux qui vous haïssent, et priez pour ceux qui vous font du tort et vous persécutent. » — Saint Matthieu

Pratiquer ceci est difficile, mais il faut le faire et il est possible de le faire. C'est ce que pratique Mahatma Gandhi. Il s'agit du secret de son succès.

Mes respects et Prem,

Ton humble frère

SWAMI SIVANANDA

8. La régénération de la nature inférieure

Malgré ma réticence et mon objection initiale lorsque l'aspirant vint ensuite à moi et me laissa une forte impression concernant son esprit de renonciation et sa volonté inflexible, je l'initiai volontiers à l'Ordre de Sannyâsa, et il s'absorba immédiatement dans l'arène du travail divin, qui en était alors à ses balbutiements et s'apprêtait à prendre d'énormes proportions et à stupéfier le monde par un tourbillon phénoménal de renouveau spirituel et d'inspiration divine parmi des millions d'aspirants aux quatre coins du monde. Cependant, je n'oubliai jamais l'objet de la vie et le but pour lequel on renonce au monde, l'exhortai à maintes reprises à suivre la sadhana pratique et l'autodiscipline :

SIVOHAM SIVAH KEVALOHAM. Que Dieu te bénisse.

J'ai grand espoir te concernant. Tu es le triomphe pour l'Inde et le monde en général. Que la Lumière divine, la Splendeur et la Gloire divines brillent en toi pour toujours. Vis dans la vérité. Ressens la vérité. Diffuse la vérité. Régule ton énergie. Conserve-la. Utilise-la lorsqu'il le faut. Médite correctement. Vis dans une pièce fermée. Ne te mêle pas trop aux autres. Ne multiplie pas les amis. Un ami sincère et réel est assez suffisant. Ne mendie pas avec un esprit de mendicité. Commande et obtiens ce dont tu as besoin. Le monde entier est ton foyer. La Prakriti et les neuf Riddhis sont prêts à t'aider les mains jointes. Contrôle tes indriyas. NE T'APPROCHE PAS DES DAMES. Sois ardent. Ne deviens pas un vedântin paresseux de *Zénana* ou une femme à moustache sannyasin. Il faut que chacune de tes cellules et chacun de tes mots soient enflammés. Je sais que tu feras des merveilles d'ici peu de temps. Lis les Upanishads et la Gita. Maîtrise-les bien. Tu débutes dans cette direction.

Il te faut pratiquer régulièrement et systématiquement l'étude, la méditation et le Japa. Ne pense pas : «J'étudierai à Uttarkashi lorsque je serai seul sans travail.» C'est une erreur. C'est de la stupidité. Il te faut avoir une habitude quotidienne. Ce «demain» n'arrivera jamais. Il faut battre le fer pendant qu'il est encore chaud. Vanner le maïs tant que le vent souffle. Concentre-toi. Médite. Vis seul quelques heures. Sois poli. Ne sois jamais arrogant. Sois tolérant et patient. Manifeste ces vertus lorsque tu parles. Surveille chacune de tes pensées : il n'y a pas de jeu. Tu as endossé un costume responsable. Le sens-tu ? Ne t'approche pas des dames. Ne plaisante pas et ne ris pas avec elles. Ces manières ne sont que des manifestations de la lubricité.

Ne mendie pas. Ne demande pas avec un esprit de mendicité. Commande.

Tout viendra à toi. Le monde entier est ton propre foyer. Ressens ceci. Ressens ceci. Montre-moi un rapport de ta sadhana méthodique. Méthode et discipline doivent être présentes dans ta routine quotidienne. Examine minutieusement tes motivations. Détruis les motivations égoïstes. Broie tout type de méchanceté. Deviens noble dans chaque détail de tes actions. Ne lutte pas pour des bagatelles insignifiantes. Abandonne les commérages et les ragots. La régénération de la nature asurique est essentielle.

OM
SIVOHAM

9. Le fléau de la vie sensuelle

J'insiste une fois de plus sur l'importance de la sadhana et la nécessité de se protéger des effets fatals d'une vie sensuelle :

Ne regarde pas à nouveau la souillure. Ne te ruine pas. Tu as suffisamment profité d'une vie de joie et de félicité dans la voie spirituelle. Que dire des splendeurs futures si tu t'épanouis complètement à travers le Yoga. Attention. Attention. Ne deviens pas l'esclave de tes sens. Ne sors pas de ta chambre. Cesse toute activité. Cache-toi dans ta chambre ou reviens immédiatement à Ananda Kutir. Fais ton introspection et médite.

* * *

Si tu ne peux résister au Moha, il est préférable de quitter immédiatement la ville. Les épreuves s'occuperont d'elles-mêmes. Peu m'importe le travail. Si tu es suffisamment fort, tu peux rester pur quelque temps et terminer le travail. Quoi qu'il en soit, prends les dispositions nécessaires pour venir bientôt à Rishikesh.

* * *

Sans la vie idéale, sans se reposer dans la Présence résidente et interpénétrante, la vie sensuelle devient un fardeau. Elle équivaut à la vie brutale. Le monde est un rêve. L'Essence est la Réalité concrète. Ne l'oublie jamais. Tu es Atma, Akarta, Sakshi.

10. Sadhana doit être une habitude quotidienne

Ce qui suit constitue quelques-unes des indications importantes sur la voie du yoga, tirées de mes différentes lettres aux aspirants, et qui s'avéreront très utiles à tous et à chacun pour une connaissance correcte de certains des aspects pratiques du chemin spirituel.

Il faut que tu pratiques régulièrement la méditation systématique, le Japa, l'étude et l'assistance. Ne pense pas : « J'étudierai et je méditerai lorsque j'aurai accompli mes responsabilités, lorsque je serai seul dans les grottes de l'Himalaya. » Vis seul pendant quelques heures et étudie ton esprit. Prépare-toi maintenant petit à petit à la vie de solitude.

11. Nishkama Seva

Cela ne nécessite pas de gros fonds. Si tu es digne de servir l'humanité, le Seigneur prévoira tout pour toi. Prends quelques médicaments et distribue-les aux malades ou soigne-les gentiment. N'attends rien de personne pour l'aide que tu fournis. Éduque les garçons pauvres dans ton village. Subviens à tes besoins en recevant l'aumône de trois ou quatre maisons. Vis isolé. Accomplis la sadhana. Détruis Manorajya, qui construit des châteaux en l'air. C'est l'ennemi de la paix. Aide selon tes aptitudes, tes capacités et tes moyens, autant que tu le peux, avec la bonne attitude mentale et le bon esprit.

12. Les problèmes liés à la pratique du Pranayama

J'ai reçu des rapports similaires de problèmes de la part de beaucoup d'étudiants qui tentent d'éveiller le pouvoir de la Kundalini au moyen de méthodes forcées du Pranayama et du Kriyā Yoga. Je les plains pour leur enthousiasme démesuré et leur savoir incomplet. Il est possible que la réduction ou l'abandon de la nourriture ne t'aident pas du tout. Le terrain doit être bien préparé par une pratique quotidienne régulière. Aux étapes avancées, il te faut être personnellement conseillé et supervisé par l'aîné ayant atteint la maîtrise et la perfection dans la voie du Yoga. La pureté du cœur, une compagnie agréable, une compréhension correcte des Écritures, une atmosphère favorable et des environnements chargés de vibrations spirituelles jouent un rôle vital dans la rapidité de ton succès. Ne sois pas hâtif ou impatient. Un développement unilatéral ne t'aidera pas. Ne gâche pas ta santé en allant trop vite. Cela affaiblira ton système. Absorbe beaucoup de nourriture énergétique, facilement digérée et nutritive, de fruits et de lait. Pendant quelques mois, inspire et expire très, très lentement. Ne retiens pas ton souffle (kumbhaka). Lorsque tu es un peu avancé, déplace-toi vers un endroit frais pendant l'été et effectue trois séances en Pranayama. Suis la proportion 1:4:2 pour l'inspiration, la rétention et l'expiration. Les effets bénéfiques en sont incalculables. C'est un exercice sans risque pour les étudiants avancés.

13. Surmonte la dépression et la mélancolie

Cours à l'air libre. Pratique un Pranayama modéré. Scande l'OM. Chante avec dévotion. Danse avec extase. La dépression s'évanouira bientôt. Tu es Ananda Svarupa — où sont la mélancolie et la dépression? Elles ne sont que des créations mentales. Reste silencieux. Tu peux obtenir davantage par le silence. Fais tremper quelques Badams (amandes) dans l'eau pendant la nuit. Prends-les tôt le matin avec du sucre candi. C'est très efficace pour donner du tonus au cerveau des sâdhakas. Applique de l'huile d'Amalaka sur ta tête. Prends également le sirop Huxley.

14. Lorsque tu es agité

N'oublie pas de pratiquer japa et sadhana même pour un jour. Habitue-toi et adapte-toi. Supporte l'affront et la blessure. Apprends à oublier les broutilles. Agis avec tact envers les gens. Forme tout le monde à Bhajan et Kirtan. Crée des vibrations spirituelles où que tu ailles. C'est ensuite que tu trouveras la paix, la joie, le bonheur et la prospérité. Il y aura de la joie sur chaque visage. C'est la voie de l'harmonie. Lorsque tu es agité et irrité, accomplis le Japa ou quitte l'endroit pour quelque temps. Aime chacun et aide chacun.

15. Évite les extrêmes au Yoga

Réalise tes exercices de Yoga de la manière la plus confortable possible. Évite les extrêmes. Ne t'éprouve pas toi-même. Dans les pays étrangers, les gens trouvent le Padmasana et le Sirshasana[1] difficiles à réaliser. Pour les

---

1. La posture sur la tête

prières et la méditation, tu peux t'installer dans n'importe quelle position confortable. Tu dois choisir une bonne position dans laquelle tu peux rester assis longtemps confortablement. La seule condition est que le cou et le dos doivent être droits. Ferme les yeux, inspire et expire très lentement et répète mentalement le Mantra OM OM OM et pense aux qualités divines du Seigneur. Tu entreras alors dans une méditation silencieuse. Tu jouiras d'une grande sérénité et tu acquerras une force spirituelle intérieure.

16. Qu'est-ce que le vrai Yoga

Le Yoga ne consiste pas à s'asseoir les jambes croisées pendant six heures, à arrêter les battements du cœur ou à s'enterrer dans le sol pour une semaine ou un mois. Il s'agirait uniquement de prouesses physiques. Le Yoga est la science qui enseigne la méthode unissant la volonté individuelle à la Volonté Cosmique. Le Yoga change la nature têtue et augmente l'énergie, la vitalité, la vigueur et confère la longévité et un haut niveau de santé. Essaie d'augmenter ton pouvoir de concentration. Japa t'aidera à avoir un esprit acéré.

CHAPITRE DOUZE

Voyage spirituel

1. L'aube d'une vie nouvelle

J'étais las de cette existence futile de plaisirs sensitifs
J'en vins à haïr la prison de cette enveloppe charnelle.
Je fis du satsanga avec des mahatmas
Et bus leurs paroles tel un nectar.
Je traversai la forêt de l'amour et de la haine.
M'aventurai bien au-delà du bien et du mal
J'atteignis la frontière d'un prodigieux silence
Et y vis la splendeur de l'âme
Toute tristesse m'a quitté
À présent, mon cœur déborde de joie
Je sens la paix en mon âme
Je me suis élevé au-delà de ma vie
J'ai vu l'aube d'une nouvelle vie.
J'ai découvert un monde intérieur, spirituel
Mon âme et ma tête s'emplirent d'invisible
Je fus baigné d'une luminescence indicible
Et vis Dieu en chaque nom et chaque chose
Je compris que j'étais cette Lumière

2. Expériences spirituelles préliminaires

I

Toujours plus d'indifférence et de clairvoyance
Toujours plus de désir de délivrance
Paix, joie, satisfaction
Absence de crainte, maîtrise des émotions
Le regard vif, le corps propre et odorant ;
Le teint frais, la voix profonde et douce,
Parfaite santé, entrain, vigueur, vitalité
Absence de maladie, de paresse, de dépression
Le corps léger et l'esprit éveillé

Un puissant Jatharagni, ou le feu digestif
Volonté de s'asseoir et de méditer longuement
Loin du matérialisme et de la mondanité
Sentir partout la présence du Seigneur
L'amour de tout être vivant
Sentir que toute forme est une forme de Dieu
Que le monde est Dieu lui-même.
Nul Ghrina ou haine envers toute créature
Même celles qui méprisent et injurient
Force mentale d'endurer la malveillance
Affronter dangers et coups du sort
Font partie des expériences spirituelles préliminaires.
Elles témoignent d'une progression
Sur le chemin spirituel.

II

Sphères lumineuses blanches et colorées
Soleil, étoiles au cours de la méditation
Divya gandha, divya du goût,
Vision du Seigneur dans un songe
Expériences surhumaines, extraordinaires
Vision du Seigneur sous une forme humaine
Parfois sous la forme d'un brahmane
Un vieil homme, un lépreux, un hors-caste vêtu de lambeaux
Parlant en Seigneur,
Telles sont les expériences spirituelles préliminaires.
Puis vient la conscience totale ou savikalpa samadhi
Qu'Arjuna connut.
Enfin, l'aspirant entre
En nirvikalpa samadhi
Où nul n'observe ni n'est observé
Où nul son ni vision n'existent
Il ne fait plus qu'un avec l'Éternel.

3. J'ai gagné au jeu de la vie

Par la Grâce du Seigneur et du sat-Gourou
Je suis sans entraves, libre.
Mes illusions, mes doutes ont disparu.

Je suis libéré et heureux à tout jamais
Je suis libéré de la peur,
Comme je repose dans cet état d'indivision.
Car la peur est division.
Je suis enivré de brahmanisme.
J'ai atteint la perfection et la liberté.
Je vis dans un état de conscience totale.
J'ai gagné au jeu de la vie.
J'ai gagné ! J'ai gagné !! J'ai gagné !!!

4. En lui, je trouve tout ce qu'il me faut

Enfin, Sa Grâce me fut accordée
Je Le contemplai, encore et encore
Je me perdis dans cette Vision du Seigneur.
Sa Grâce remplit la tasse de mon cœur.
Cette extase fébrile me submergea
En sa Volonté réside ma paix.
Son Nom est un paradis de repos
En Lui, je trouve tout ce qu'il me faut.

Toute connaissance est son sein
Toute la création vit ou meurt selon son bon vouloir
Il est le Réservoir Suprême, la source de vie.
Il est le pilier de tous les mondes.
Il est la Sainteté, Parfait dans son Savoir,
L'origine de ce monde, le Sauveur de tous les pécheurs !

5. Dans l'océan de félicité

Ô Mahadeva, Ô Kesava
Par la lame de votre Grâce
J'ai coupé tous mes liens
Je suis libre, je suis heureux
Tous mes désirs ont disparu
À présent, je ne désire rien
Sinon vos pieds sacrés
Toutes mes pensées ont fui
Devant vous, Ô Narayana.

Je vous vis, sublime vision
Me perdis en contemplation
Je fus en un instant transformé
Je fus noyé
Dans la conscience divine
Dans l'océan de félicité
Gloire, gloire à vous Vishnu, mon Dieu.

6. Immortel je suis

Il n'est qu'un seul Être immortel et infini
Le jiva lui est identique
La douleur est irréelle ; elle ne peut exister
La félicité est Réelle ; elle ne peut mourir.
L'esprit est irréel ; il ne peut exister,
L'Âme est Réelle ; elle ne peut mourir.
La liberté se gagne par la connaissance de Soi
La liberté est perfection, immortalité et félicité
La liberté est l'accomplissement direct de Soi
La liberté affranchit de la naissance et la mort.
Je ne suis ni esprit ni corps
Ce monde entier est mon corps
Le monde entier est mon foyer
Rien n'existe, rien ne m'appartient
Immortel je suis.

7. Un royaume de silence

Dans le vide anonyme, informe,
Dans l'étendue sans fin du bonheur,
Dans la région de la joie sans esprit, sans matière
Dans le royaume intemporel, sans espace, sans pensée
Dans l'antre inaccessible de la Douce Harmonie
Je me mêlai à la Lumière Suprême
La pensée que nous étions ou un deux se dissipa
Je traversai à jamais la mer de la fécondité.
Tout cela fut permis par la Grâce du Seigneur
Qui dansa à Vrindavan au son rythmé des clochettes
Qui offrit le Govardhana comme parapluie aux fermiers.

8. Je suis devenu cela

Le monde créé par les Maya est à présent éteint
L'esprit a entièrement sombré
L'Ego a été complètement recouvert de poudre
Les compartiments étanches ont été démolis
Les noms et les formes ne sont plus
Distinctions et différences ont fondu
L'ancien Jiva a entièrement fusionné
L'inondation de la Vérité, de la Sagesse et du Bonheur
S'est infiltrée partout en abondance
Seul Brahman brille en tous lieux
Un élixir homogène de joie envahit tout
Je suis devenu cela. Je suis devenu cela.
Sivoham. Sivoham. Sivoham.

9. La grande expérience de Bhuma

Je me mêlai à une joie immense et infinie
Je nageai dans l'océan de l'éternelle félicité
Je flottai sur la mer de la perpétuelle sérénité
Mon Ego fondit, mes pensées se turent
Mon esprit cessa de fonctionner
Mes sens étaient absents
Je demeurai inconscient aux yeux du monde
Et me vis partout
Il n'y avait ni dedans ni dehors
Il n'y avait ni « ceci » ni « cela »
Il n'y avait ni « lui », ni « toi », ni « je », ni « elle »
Il n'y avait ni temps ni espace
Il n'y avait ni sujet ni objet
Il n'y avait ni savant, ni savoir, ni perception
Comment décrire cette expérience de transcendance ?
Le langage est limité, les mots sont inefficaces ;
Fais-en l'expérience toi-même et sois libre.

10. Mystérieuse expérience

Brahman l'Éternel est plus doux que le miel
La confiture, le sucre candi, le rasgulla et le laddu
Je méditai au sujet de Brahman, l'Inaltérable

J'atteignis le stade où l'on transcende la finitude
La véritable lumière se fit en moi
L'avidya, l'ignorance se volatilisa totalement
Les portes furent hermétiquement fermées
Les sens restaient en retrait
Souffle et esprit se mêlèrent à leur source
Je ne fis plus qu'un avec la Suprême Lumière
Une telle expérience est au-delà des mots
Sivoham, Sivoham, Sivoham, Soham
Sat-chit-ananda Swaroopoham.

11. Sivoham, Sivoham, Sivoham

J'ai appris à distinguer l'identité
De l'âme individuelle et de l'ÂME SUPRÊME
SAT-CHIT-ANANDA EST MA NATURE MÊME
MON ESPRIT EST INDIFFÉRENT À CE QUI LUI EST
EXTÉRIEUR
JE SUIS PROFONDÉMENT ENIVRÉ DE MA FOI EN DIEU

JE NE RESSENS PLUS NI CHAGRIN, NI DOULEUR, NI
CRAINTE
JE SUIS À JAMAIS PAISIBLE ET JOYEUX
JE SUIS LA VÉRITÉ, LA CONSCIENCE PURE ET LE
BONHEUR
J'IRRADIE MA LUMIÈRE TELLE UNE FLAMME DIVINE.

EN TOUT ÊTRE VIVANT
JE GOÛTE LE BONHEUR DE L'ÉTERNEL
J'AI ACCOMPLI LE BUT DE LA VIE
EN CE BRAHMAN, JE SUIS!
CE BRAHMAN QUI EST SATCHIDANANDA
QUI EST L'HÔTE ET LE SOUVERAIN
QUI EST LE VENTRE DU VÉDA

12. État de samadhi

Ô, quelle joie! Quel bonheur!
Tous mes désirs sont assouvis
Tous mes objectifs, atteints

Je suis immortel, je ne crains plus la mort,
Je suis une Conscience Éternelle
Je suis le Grand et le Très Haut
Tout cela n'est que moksha
Seul le moshka est partout
Il ne peut être ignoré
Chacun doit en faire l'expérience.

Mon ego n'est plus à présent
Les vasanas sont consumés
Par les flammes de la sagesse
Le manonasa
Ou annihilation de l'esprit a lieu
Nulle distinction ne subsiste
Nulle différence ne résiste
Il n'y a ni « je » ni « tu »
En effet, tout est Brahman
Il est un bonheur uniforme
Cette expérience dans son entier est ineffable
Cet état est au-delà des mots
Fais en toi-même l'expérience par le samadhi.

13. Par la Grâce du gourou

Je connais l'essence de ma nature
J'ai atteint l'apogée de la perfection
Je suis l'Atman, pur et Immortel.

Tous mes désirs sont satisfaits
Je suis apta kama
J'ai tout accompli
J'ai rempli tous mes devoirs

J'ai encore à apprendre
Les Vedas n'ont rien à m'enseigner
Les Smritis n'ont rien à m'apprendre
Le monde n'a rien qui m'intéresse

Maya se cache, honteuse

Car je connais toutes ses ruses et astuces
Elle rougit à l'idée d'apparaître devant moi

Je dois tout cela à la Grâce du Seigneur
Et à la Grâce du gourou
Il m'a façonné à mon image
Je m'incline devant le gourou
J'obéis au gourou !

14. Je suis ce que je suis

Cette fin ne connaît ni temps ni espace
Ce siège ne connaît ni douleur ni chagrin
Cet antre est merveilleux et paisible
Ce Dhama ne connaît ni limite ni changement
Je sais que « Je suis Lui »
Je n'ai ni corps, ni esprit, ni sens
Ne connais nul changement, croissance ou mort
Je suis l'Immortel, l'Omniprésent Brahman.
Nul péché ni vertu ne peut me toucher
Nulle douleur ni plaisir ne peut m'affecter
Nulle affection ni aversion ne peut me souiller
Je suis l'Existence, le Savoir et le Bonheur Absolu.
Je n'ai ni amis ni ennemis
Je n'ai ni parents ni proches
Je n'ai ni maison ni patrie
Je suis ce que je suis. Je suis ce que je suis.
Je ne suis jamais né et ne je meurs jamais
J'existe à tout moment, je suis partout,
Je ne connais ni peur de la mort ni crainte de l'opprobre
Je suis Shiva, empreint de Bonheur et de Savoir
Chidananda-rupah sivoham, sivoham.

CHAPITRE TREIZE
La sagesse dans l'humour

Les extraits suivants de lettres écrites à un aspirant incarnent mon tempérament : d'un côté un humour qui traduit un penchant d'esprit profondément philosophique et tolérant à l'égard des défauts et des faiblesses des autres et de l'autre un grand libéralisme et une réelle compréhension des habitudes des personnes et de la nature des choses.

1. Entraîner les étudiants à sermonner

Il vous faudra sermonner au moins cinq minutes en français et en hindi et réciter le Kirtan accompagné de Nritya, que votre corps veuille se courber et bouger ou non. Si vous avez des difficultés à enseigner, récitez quelques lignes de mes livres. S'il vous est également difficile de réciter, munissez-vous de notes et lisez-les. Si vous laissez entrevoir ou que vous exhibez, tel un enfant, un ridicule entêtement, je n'aurai pas d'autres choix que de vous traîner moi-même jusqu'à l'estrade. Merci de ne pas me pousser à user d'une méthode aussi extrême en ces tristes jours.

Beaucoup de mes étudiants sont devenus de grands orateurs et Kirtanistes après les y avoir ainsi contraints lors de leurs premiers apprentissages. Je veux qu'ils deviennent tous d'ardents discoureurs. Les gens doivent apprendre à exprimer leurs pensées.

2. Tout comme les hommes d'affaires

Dans le Samaradhana ou le Brahmana Bhojana, les tables sont dépliées à 10 heures du matin alors que la nourriture n'est servie qu'à 4 heures de l'après-midi. Il en est de même avec *The Practice of Yoga* (« La Pratique du Yoga »). La promotion en est faite depuis maintenant cinq semaines et je n'en ai toujours pas vu la couleur. Le premier fruit d'un arbre vient toujours de la main de Dieu. La première version brochée devrait me parvenir par recommandé postal, mais quand une commande est soumise à la garantie de paiement à réception, un coupon de dépôt m'est envoyé. C'est comme ça que font les hommes d'affaires.

3. À propos d'une caisse d'emballage trop solide et ardemment clouée

J'ai reçu votre paquet selon les délais prévus. C'était un emballage Brahman bordé de clous Brahmiques emplis de Brahma Nishtha. Le marteau ne fut d'aucune aide pour ôter le couvercle. Nous dûmes, à cause du caractère Brahmique de l'empaqueteur, le mettre en pièce. Le livre en est cependant sortis en excellent état.

4. Quand les éditeurs oublient des points importants

Je vous ai donné carte blanche et procuration afin que vous retiriez tout ce que vous jugeriez, par votre esprit acéré, nécessaire d'être retiré. Ceci afin de vous satisfaire dans votre désir de rendre ce livre grandiose et attractif. Mais, priez, et retenez désormais bien la chose suivante, selon Narada Parivrajaka Upanishad : ne supprimez pas un seul mot de mes écrits, même si vous y trouviez une répétition.

5. Prenez soin des manuscrits

Je crois que nos relations s'achèveront à la fin du livre *RAJ YOGA*. Vous ne serez pas capable de gérer *BHAKTI YOGA*. Tout comme le San Kirtan ne pénètre pas votre esprit, vous ne pourrez pas assimiler *BHAKTI YOGA*. Je sais que vous ne prendrez pas ce travail. Merci de rapporter les manuscrits avec précaution. Je les transférerais à une autre presse, en Inde du Nord.

6. Sur la promotion attractive

La promotion du Volume II de *LA PRATIQUE DU YOGA* à la fin de l'ouvrage n'est pas des plus engageantes. Elle est même ordinaire, très peu représentative. Vous l'avez pourtant très bien fait pour *YOGA ASANA, KUNDALINI YOGA*, etc. Pourquoi pas pour celui-ci ? Peut-être que vous n'aviez pas bu assez de café ce jour-là.

7. La philosophie au-delà de l'appel du café

L'hiver de Rishikesh vous transmet ses salutations. Vous devez en ressentir sa fraîche brise. Le poêle, éteint jusqu'ici, chauffe désormais vers la gare, prêt à vous recevoir gaiement. C'est lui qui illumine l'hiver, ce poêle est la lumière qui émane du Para Brahman, celle qui guide les saisons, les noms, les formes. Il ne boit et ne parle jamais. Il est l'Asanga, il est le Sakshi, toujours. Ressens sa présence.

8. Une façon de rappeler les choses

Merci de me notifier par carte postale « Oui. J'ai envoyé les livres dans les librairies. » ou tout autre code signifiant ce message. Cela nous fera gagner du temps et de l'énergie. Cela n'interfèrera certainement pas avec votre Mauna. Ce n'est ni un Kaashtha Mauna ou un Maha Mauna mais une forme de 'Hu-Hu' Mauna.

9. Corrigez comme on le fait pour un étudiant

Considérez un peu plus Poorna. Mes respects à ce dernier. Il est simple, discret, et humble. Détachez-le de son huile de ricin et de la quinine qu'il s'applique sur le visage.

10. Une invitation qui est une formalité

Je vous convie à l'Ananda Kutir une fois que tout y sera réglé. Cette invitation d'anniversaire n'est qu'une information qui n'est pas à « honorer ».

11. Sur le paquet abîmé des noix de cajou

J'ai reçu les Kajoo (noix de cajou) très abîmées à cause du mélange sucre-confit peu résistant à la chaleur. La confiserie a fondu et rendu les Kajoo molles, ce qui conviendra parfaitement aux vétérans Swami Jnanananda. Mes dents sont quant à elles solides et robustes. À l'avenir, n'envoyez pas de telles sucreries aux noix de cajou.

12. Riche malgré les dettes

Tous les jours, de nouveaux aspirants arrivent à l'Ashram. Des centaines d'étudiants m'écrivent de tous les pays, en quête d'un guide spirituel, et je passe beaucoup de temps à répondre à leurs lettres dans un temps raisonnable. Certains kutirs sont en plein développement, l'évolution se fait dans toutes les directions. Une vache va arriver à l'Ashram. Du bon lait peut en être tiré. Nous devenons riches malgré nos dettes.

13. Le tonique idéal pour ceux qui font travailler leur cerveau

(Affront à l'addiction au café)

Prenez des Badams (amandes) et un sirop énergisant. Mettez de l'huile d'amande ou de l'Amalaka sur votre tête. C'est très bon pour ceux qui font travailler leur cerveau. Il n'y a aucun « Pathyam » — (restriction) sur ce régime. Vous pouvez en appliquer la même quantité et, pourquoi pas, plus de café.

14. Mes honorables invités

J'ai reçu toutes les lettres et les paquets de café. Les premiers invités respectables furent des Sri Swami Omkar qui apportèrent le paquet depuis la gare, Sri Swami Poorna prépara ensuite le café. Le prochain invité sera probablement le barbier Balla.

15. Affront à ceux qui ont du mal à « marcher »

La Société de la Vie Divine pourrait, si tout se passe bien, vous envoyer faire de la propagande, des kirtans et des sermons en tant que sannyasin et brahmacharins. Même dans ce parfait scénario, il vous faudra marcher 12 miles par jour.

16. Les Mahatmas Virakta

Votre ami, ce Mauni, ce Virakta de Swarg Ashram qui ne portait qu'une serviette m'a missionné de vous demander de lui envoyer une livre de tabac à priser. C'est aussi une sorte de Vairagya. Le nez, à force d'inhaler du tabac, devient comme un fusil mitrailleur. Il m'a tanné d'arguments subtils à l'insufflation. Vous pouvez lui en envoyer une petite boîte. Que ce soit votre acte de bonté à l'égard d'un Mahatma Virakta.

17. De la philosophie de l'insufflation

Tabac à priser reçu et distribué comme suit :

1. Mukhya — Chef insufflateur	Sri « V »
2. Adi Snuffer — Gourou insufflateur	Sri « N »

| 3. Sanatan —Vieil insufflateur | Sri « G » |
| 4. Maha—Mauvais insufflateur | Sri Mauni et Tyagi de Swarg Ashram. |

Vous en tirerez du Punya et du Papa. Je serais également un peu empli de Punya, pour avoir allégé un peu leurs souffrances, et de Papa, pour avoir contribué à entretenir leur habitude. Si nous ne leur avions pas procuré de tabac à priser, ils auraient été priés d'arrêter l'insufflation. Heureusement, les personnes qui sont « Aham Brahma Asmi » ne sont pas concernées par le Punya et le Papa. Tu es désormais libre de connaître ton propre Svarupa.

GLOSSAIRE

GLOSSAIRE

Acharya : Précepteur
Advaita : Non-dualité, monisme
Akarta : Simple spectateur
Akhanda : Entier, continu, uni
Alasya : Inertie, oisiveté
Ananda-bhashpam : Larmes de bonheur
Arhats : Âmes parfaites
Asana : Exercices de yoga
Ashram : Établissement religieux dédié à la pratique de la sadhana, un monastère
Bandha : En sanskrit : « sceller ensemble, joindre, garder à l'intérieur. » Ce terme s'apparente aux trois moyens de faire culminer Prana, l'énergie vitale.
Bhagavatas : Âmes éclairées qui content les histoires du Seigneur
Bhaitak : Exercice physique indien
Bhajan : Louanges au Seigneur, chœur, chants à la gloire du Seigneur
Bhakti yoga : Chemin de la dévotion
Bhakti : Dévotion
Bhav : Sentiment d'amour et de dévotion
Bhikkus : Moines
Brahma-muhurta : Période de la journée entre 4 et 6 heures du matin, propice aux pratiques spirituelles
Brahmachari : Abstinent
Brahmacharya : Célibat
Chitta : Subconscient
Dand : Exercice physique indien
Darshan : Perspicacité, visions du Seigneur ou de saints
Daya : Miséricorde, compassion
Devas : Êtres célestes, Dieux
Dharma : Droiture
Dharmasala : Établissement qui pratique la charité
Dvaita : Dualité
Ekadasi : Onzième jour de pleine lune ou de nouvelle lune, jour saint où

l'on pratique le jeûne

Gambhira : Digne, grand, magnanime

Grihastha : Femme de propriétaire, propriétaire

Grihasti : Propriétaire

Gourou : Précepteur, professeur

Indriyas : Sens, organes sensitifs

Ishta-devata : Incarnation particulière du Seigneur, qui fait généralement appel à une personne

Jaalam : Tromperie

Japa : Action de **répéter** maintes fois le nom du Seigneur

Jnana-Yajna : Partage de la connaissance

Jnana-Yoga : Acquisition de la connaissance

Jnana : Savoir

Jnani : Védanti, personne en apprentissage, personne éclairée

Kaashtha Mauna : Silence, sans gestes si signes d'aucune sorte

Kamandalu : Récipient utilisé par les sâdhus pour transporter de l'eau, généralement, la coque d'un fruit dur

Karma-yoga : Chemin de la générosité désintéressée

Karma : Action, destin

Kirtan : Action de chanter très fort le nom du Seigneur, avec différentes tonalités

Koran : Saintes Écritures des mahométans

Kshama : Pardon

Kumbhaka : Action de retenir sa respiration

Kutir : Hermitage, cabane ou petite maison où vit un reclus ou un yogi

Likhita-japa : Action d'écrire des mantras au nom du Seigneur

Mahant : Fondateur ou président d'une institution religieuse

Mahatmas : Grands hommes, personnes saintes, grandes âmes

Mantra : Formule sacrée par laquelle on proclame son obéissance au Seigneur

Mauna : Pratique du silence

Maya : Pouvoir d'illusion du Seigneur, responsable de l'ignorance et de la servitude

Moha : Attachement aux choses matérielles et aux personnes

Mudras : mot sanskrit qui définit un ensemble de positions des mains qui dirige le courant vital à travers le corps

Mukti : Affranchissement, libération des entraves de la naissance et de la mort

Mumukshutva : Impatience d'être libéré

Murti : Image, idole

Mutt : Institution dirigée par des moines, monastère

Namaskar : Prosternation

Nirguna : En l'absence d'attribut, renvoie à la Réalité absolue

Nirvana : Libération finale, émancipation

Nirvikalpa samadhi : État d'être totalement absorbé par la réalité, état par lequel un initié appréhende son identité au regard de l'universel

Nishkama : Altruisme pur, action de rendre service à autrui sans arrière-pensée

Nishtha : Profonde méditation, dévotion absolue à l'accomplissement d'une tâche sainte.

Nivritti Marga : Apprentissage du renoncement

Parivrajaka : Moine en errance, mendiant

Pooja : Rite d'offrande et d'adoration

Prabhat pheri : Procession religieuse qui a lieu tôt le matin

Prana : Force vitale ou souffle

Pranayama : Exercices de respiration, action de réguler son souffle

Raga-Dvesha : Sentiments d'attachement et d'aversion

Rajas : Une des trois qualités nécessaires à la passion et à l'extrême assiduité, principe du dynamisme dans la nature

Sadhaka : Aspirant, personne se livrant à des pratiques spirituelles

Sadhana : Pratique spirituelle

Sâdhu : Ermite, personne qui vit en solitaire en vue d'une pratique spirituelle

Saguna : Incarnation de l'Absolu ; un Dieu doté d'une personnalité

Sahaja-avastha : État de surconscience devenu naturel et permanent

Saiva : Fidèle du Seigneur Shiva

Sakshi : Spectateur, être qui agit comme tel

Samadhi : État de surconscience

Sammelan : Discussion à thématique religieuse

Samsara : Vie terrestre par la réincarnation

Samskara : Impressions sur l'esprit

Sannyasa : Renonciation

Sannyasi/Sannyasin : Moine ; celui qui a renoncé le monde matériel

Sastra : Saintes Écritures des hindous

Satchidananda : Existence, connaissance et félicité ; expression de l'indescriptible Réalité Absolue

Satsanga : Action de s'entretenir avec des sages
Sattva : Pureté
Sattvique : Pur
Seva : Action de se mettre au service de quelqu'un ou quelque chose
Shat-Sampat : Association de six vertus : le sama (équilibre entre douleur et plaisir), le dama (maîtrise des sens), l'uparati (quiétude), le titiksha (résistance, faculté de supporter la chaleur et le froid), le sraddha (foi et sincérité) et le samadhana (équilibre mental)
Siddha : Sage accompli
Siddhi : Facultés mentales
Svabhava : Véritable nature d'une personne
Svapna : Rêve
Svarupa : Forme
Swami : Personne ayant choisi la voie du renoncement
Tamas : Ignorance, inertie
Tapasya : Austérité, pénitence
Titiksha : Résistance
Trataka : Contemplation continue
Vaikuntha : Antre du Seigneur Vishnu
Vairagi : Homme indifférent aux passions
Vairagya : Répulsion envers les objets sensibles
Vaishnava : Fidèle au Seigneur Vishnu
Vanaprastha : Propriétaires vivant en ermites
Vedas : Saintes Écritures des hindous
Vikshepa : Inconstance mentale
Viraja homa : Cérémonie religieuse marquant l'entrée dans l'Ordre de Sannyasa, l'apprentissage de la renonciation
Viveka : Discernement
Vyapaka : Omniprésent
Yajna : Sacrifice
Yoga Bhrashta : Personne déchue du haut rang de yogi
Yogi : Disciple qui reçoit un apprentissage spirituel, qui a choisi la voie du yoga
Zenana : Totalité des femmes

Discovery Publisher

Les Éditions Discovery est un éditeur multimédia dont la mission est d'inspirer et de soutenir la transformation personnelle, la croissance spirituelle et l'éveil. Avec chaque titre, nous nous efforçons de préserver la sagesse essentielle de l'auteur, de l'enseignant spirituel, du penseur, guérisseur et de l'artiste visionnaire.

www.ingramcontent.com/pod-product-compliance
Lightning Source LLC
Chambersburg PA
CBHW022018090426

42739CB00006BA/187

* 9 7 8 1 7 8 8 9 4 4 0 7 6 *